教育部本科教学工程"财政学专业综合改革试点"项目（Z

经济管理学术文库·管理类

我国知识产权公共服务中的
财政支出责任研究

Research on Fiscal Expenditure Responsibility in
China's Public Service of Intellectual Property

李 超／著

经济管理出版社
ECONOMY & MANAGEMENT PUBLISHING HOUSE

图书在版编目（CIP）数据

我国知识产权公共服务中的财政支出责任研究／李超著. —北京：经济管理出版社，2022.4

ISBN 978-7-5096-8387-3

Ⅰ.①我… Ⅱ.①李… Ⅲ.①知识产权—公共服务—财政支出—研究—中国 Ⅳ.①D923.404 ②F812.455

中国版本图书馆 CIP 数据核字（2022）第 062119 号

组稿编辑：杨　雪
责任编辑：杨　雪　王　慧　王　蕾
责任印制：黄章平
责任校对：王淑卿

出版发行：经济管理出版社
　　　　　（北京市海淀区北蜂窝 8 号中雅大厦 A 座 11 层　100038）
网　　　址：www. E-mp. com. cn
电　　　话：（010）51915602
印　　　刷：北京晨旭印刷厂
经　　　销：新华书店
开　　　本：720mm×1000mm /16
印　　　张：12
字　　　数：187 千字
版　　　次：2022 年 4 月第 1 版　　2022 年 4 月第 1 次印刷
书　　　号：ISBN 978-7-5096-8387-3
定　　　价：68. 00 元

前　言

创新驱动发展是世界经济发展的必然趋势。中国正进入建设创新型国家的关键时期。知识是创新驱动中最核心的因素，知识产权日益成为国家发展的战略性资源和国际竞争力的核心要素，知识产权发展是创新驱动的关键途径和手段。2008 年《国家知识产权战略纲要》的颁布推动了知识产权的发展：法律法规日臻完善、创造和运用能力大幅度提升、保护水平不断提高、建设的社会环境明显改善、全社会知识产权意识明显增强。但与之相伴的是：知识产权创造"大而不强，多而不优"、成果转化率和产业化率较低、区域知识产权发展不平衡、知识产权国际化程度低等情况长期存在。

知识产权发展需要依靠全社会的力量来推动，政府是实现知识产权发展的重要力量。在市场失灵时，需要政府进行干预，其中，公共服务是重要手段。在知识产权创造、运用、保护、管理和服务等环节，需要政府为知识产权发展提供良好的制度和公共物品等供给。政府通过提供公共服务，履行财政支出责任，对推动知识产权发展和加快创新驱动有着重要意义。

1994 年实施的分税制改革对划分政府间财政关系有着十分重要的影响，但它更多地关注分税和分财，对政府和市场、各级政府间的职能分工并不明确，尤其对地方政府间的职能和支出责任缺乏明确划分。要使政府合理承担支出责任，使之符合知识产权公共服务的需要，需要在明确政府和市场边界的基础上，科学界定各级政府的事权和支出责任。

知识产权公共服务中的财政支出责任研究主要涉及三个方面：一是正确处理

政府和市场间关系，明确界定政府事权；二是财政支出责任在各级政府的划分，包括中央和地方的划分、省以下政府之间的划分；三是支出责任履行对知识产权公共服务所带来的效应考察，这是支出责任的应有之义。

依据以上背景和思路，本书试图回答的问题有：第一，我国知识产权公共服务的内涵及外延是什么？第二，财政支出责任在知识产权公共服务中的现状和问题是什么？第三，财政支出责任履行对知识产权公共服务的影响如何？第四，在创新驱动视角下，如何优化财政支出责任以促进知识产权公共服务水平提高？回答上述问题的关键在于运用事权理论分析知识产权创造、运用、保护、管理和服务五个知识产权发展环节支出责任情况及效应。

本书的主要研究如下：

（1）知识产权公共服务的本质属性及范围界定。

从知识产权理论内涵开始，深入剖析其公共政策性，阐述其公共物品属性；运用系统化分析方法，对知识产权创造、运用、保护、管理和服务五个系统要素进行分析，并对知识产权公共服务边界做出界定。

（2）财政支出责任履行现状及成因分析。

运用事权理论分析框架，以公共服务事权与支出责任匹配为视角，分析了在知识产权公共服务领域，财政支出责任履行现状的不同情形以及形成原因。

（3）知识产权公共服务的影响因素分析。

基于财政支出责任角度，构建面板数据模型，通过知识产权财政支出数据及经济发展水平等有代表性的控制变量，测量财政支出等要素对知识产权公共服务影响的效应。实证结果表明，政府知识产权保护、管理和服务支出对知识产权公共服务具有显著正相关关系。市场创新环境和中央与地方支出责任划分对知识产权公共服务影响不显著，其原因在于政府本身体制机制存在缺陷。

（4）财政支出责任界定的国际经验借鉴。

本书分别描述了以美国、日本、韩国和印度为代表的发达国家和发展中国家在知识产权公共服务中的财政支出责任范围，分析了它们支出责任履行及划分背后的逻辑，得出了其对我国知识产权公共服务中财政支出责任履行及划分的经验启示。

（5）完善知识产权公共服务中财政支出责任的思路与措施。

本书提出了优化支出责任整体思路、目标和原则，按照功能和项目方法分别对我国知识产权公共服务政府间支出责任做了界定，并探索出了对现有体制机制框架的变革，使支出责任与知识产权公共服务事权相适应。

李　超

2021 年 6 月

目　录

1 绪 论

1.1 选题背景

经济发展的本源是什么？不同经济学家给出了迥异的答案。一些经济学家认为经济发展要靠劳动、资本等生产要素不断投入；一些经济学家则是制度的忠实拥趸，强调制度在经济发展中的不可替代性……诚然，经济发展离不开生产要素的投入和良好制度的建立。但是，经济发展到一定程度后出现了两个瓶颈，无论是要素投入还是制度建立都似乎无能为力：一是生产要素规模报酬递减问题。理论上，当生产要素规模报酬递减到一定程度时，边际生产要素报酬为零或负值，就会出现经济停滞或倒退。二是资源稀缺性成为发展瓶颈。当推动经济发展的各种生产要素组合面临某种或某些要素短缺时，经济发展就会出现桎梏。

如何才能有效地解决经济发展中必然出现的这两个问题呢？早在100多年前，美国经济学家熊彼特在《经济发展理论》一书中就给出了答案。熊彼特认为，只有创新才能解决经济发展中的这两大问题。一方面，通过创新可以提高生产率，抵消全要素生产率规模报酬递减趋势；另一方面，只有创新才能打破原有的生产要素组合，突破经济发展瓶颈。

创新驱动发展是各国经济发展的主流趋势。在人类历史长河中，发展与每个国家的存在如影随形。第二次世界大战后，每个国家都在探索其经济发展之路。有的国家依靠资源禀赋走上了财富之路；有的国家依附于发达国家的资本、技术和市场成为发达国家的加工基地，虽然一度经济发展良好，最终却陷入"中等收入陷阱"；有的国家大力发展科技创新，形成日益强大的国家竞争力和国际话语权，主导世界经济潮流。其中，以创新为战略的创新型国家在国际竞争中取得了先机，占领世界经济制高点；依靠资源禀赋的发展型国家不具有持续性，资源终有一日会枯竭；依靠为创新型国家代工的国家，核心资源掌握在别人手中，只能处在产业价值链的下游，在经济发展道路上终究难有作为。唯有走创新驱动发展的道路，建设创新型国家，才能在世界竞争格局中占有一席之地。

遵循创新驱动发展是我国全面建设小康社会的必由之路。改革开放以来，中国经济建设取得了瞩目成就。然而，我国多年依靠要素驱动和投资驱动的经济发展模式难以为继。要想转变我国的经济发展模式，提高国际竞争力，只有通过创新驱动发展，走创新型国家的模式。创新驱动发展的模式是多方面的，包括科技创新、制度创新、商业模式创新等，其中科技创新处于核心地位。科技创新最本质的要求是知识创造，因为科技创新以知识为载体。在新一轮科技浪潮推动下，知识在经济社会发展中起到决定性的作用，知识积累和科技创新对国民财富增长和人民生活水平提高起到极大的推动作用。

随着知识经济的发展和全球经济一体化进程的加快，以知识创新和技术升级为主要特征的国际竞争越来越激烈，提高创新能力、掌握知识产权、提升国家核心竞争力已经成为各国必须重视的问题。其中，知识产权逐渐成为保持国际竞争力的核心要素和国家发展的战略性资源，成为掌握发展主动权和建设创新型国家的重要支撑。美国于 20 世纪 70 年代末首次提出知识产权战略后，国际知识产权发展方向发生了转变：它逐渐演变为关系国家整体谋划的战略性问题。2008 年，我国开始实行国家知识产权战略，其标志是国务院颁布实施的《国家知识产权战略纲要》。2012 年，党的十八大报告把知识产权战略作为创新驱动战略的重要组成部分，同时，对知识产权战略的实施提出了更高的要求。2014 年末，国务院审议通过了《深入实施国家知识产权战略行动计划（2014-2020 年）》，为知识产权战略规划了更加详尽的目标。2017年，党的十九大报告把强化知识产权创造、保护和运用作为加快建设创新型国家的重要内容。2021 年，《中华人民共和国国民经济和社会发展第十四个五年规划和 2035 年远景目标纲要》中明确指出要健全知识产权保护运用体制，在"十三五"知识产权发展成就基础上，促使知识产权强国战略更趋完善。知识产权发展将在实现创新型国家建设、推动创新驱动发展方面起到至关重要的作用。

建立现代财税金融体制是新一轮财税体制改革的目标，而明确中央和地方事权与支出责任，健全省级以下财政体制，仍然是今后财税体制改革的主要任务之一。在我国知识产权公共服务中，政府和市场的边界还需进一步明晰，加强中央和地方政府职责和财政事权的对称性，提高公共资源的配置效率。在公共财政框架下，如何科学划分政府和市场关系，厘清政府间事权和支出责任，充分发挥财政的综合调控作用，推动国家知识产权创造、运用、保护、管理和服务的发展，为创新驱动发展提供支撑，为创新型国家建设奠定基础，已成为一个值得深思的问题。

1.2 研究意义

1.2.1 为创新型国家建设提供有力支持

创新型国家建设是我国在当前国内外经济环境态势下做出的科学选择，关系到我国能否摆脱经济增长中的不利因素，跨越"中等收入陷阱"，实现跨越式发展。创新型国家建设实现的关键是大力发展科学技术，把科技创新作为基石，推动创新能力大幅度提高，保持国家竞争优势。

创新驱动发展有两个需要解决的问题：一个是创新的原动力问题，即什么能从根本上推动创新发展；另一个是创新成果的转化问题，即创新成果转化为生产力的桥梁是什么。这两个问题的解决都跟知识产权有着密切的联系。创新型国家建设的根本是知识创新，而知识产权是商品经济和科学技术融合的产物，是保证知识得以创造和传播的重要制度。完善的知识产权发展态势能够为市场经济提供创新激励，为创新提供智力资源，是实现创新成果转化的重要保障，有助于创造一个公平有序的创新环境。综上所述，提高创新能力是建立创新型国家的必然选择，良好的知识产权发展是建设创新型国家的重要战略支撑。

1.2.2 为知识产权全面发展提供理论依据

知识产权发展的目的在于构建出完整、高效的知识产权创造、运用、保护、管理和服务的系统，在科技创新的同时，促成国家和人民财富增长，提高人民福祉。我国的知识产权发展在现有国情下，有其不同于发达国家的运行规律。在我国现行政治经济体制下，既要参照发达国家的知识产权运作经验，又不能背离作为发展中国家面临的真实现状。

目前，我国知识产权发展还存在一些问题。一方面，近年来我国知识产权创造获得了巨大发展，专利、版权、商标等申请量逐年增加，尤其专利总数量和商标申请数量连续多年位居世界第一；另一方面，我国知识产权离"大而又强、多而且优"的目标还有一定差距。特别是在当前经济社会高质量发展背景下，核心专利偏少、品牌价值不大、文化创意和设计服务增加值不高的状况依然存在。虽然知识产权成果转化率稳中有升，但部分"僵尸专利"还在沉睡。加上市场缺乏完善的管理和服务机制，进一步制约了知识产权发展。通过对知识产权发展环节存在的问题进行分析，本书有针对性地提出了促进知识产权发展的应对办法，对于改善和提高知识产权发展有着重要的现实意义。

1.2.3 促进知识产权公共服务中政府间财政关系改革

一直以来，政府间财政关系是我国财政改革的中心环节之一。1994 年的分税制改革明确了各级政府财权和事权，虽然取得了瞩目的成就，但也存在一些与市场经济建设不协调的环节。原有的分税制度造就的政府间财政关系，在事权和财权的制度安排上存在悬而未决的问题，导致中央和地方、地方政府间博弈行为反复发生，造成政府事权履行缺位和越位情况并存的问题，在一定程度上影响了我国经济建设的发展。

知识产权发展离不开财政政策的支持，也离不开各级政府对于知识产权发展的扶持。而支持科技创新、推进完善知识产权发展的政府间财政关系是我国财政经济领域的一项前沿课题。国际上对财政政策支持知识产权的系统性研究开始于20世纪70年代，而我国的相关研究尚处于起步阶段，本书以财政支出责任的综合政策效应为起点，深刻地研究了知识产权财政支出对知识产权发展的影响，丰富了我国财政理论研究，有益于促进政府间财政关系的改革。

1.2.4 推动知识产权资源在全社会优化配置

知识产权资源投入有国家和市场两个主体。国家投入的方向在市场失灵领域，如对重大基础研究和应用研究的投入，或是发挥政府资金引导作用并创造良好的市场环境等，鼓励创新主体发挥活力，充分进行创新；市场投入方向在于发挥市场在资源配置中的决定性作用。

对于人类社会和经济发展来说，资源总是稀缺的，知识产权领域同样如此。履行财政支出责任，对于知识产权资源的优化配置有着重要作用。首先，作为财政支出本身来讲，各级不同政府财政支出的规模、效率反映了该领域资源配置能力，体现了财政资金在知识产权发展多个环节的支持与引领效果。其次，财政支出责任在政府间的分配，反映了知识产权事权在政府间分配的情况，决定了政府在知识产权发展中支出的重点和方向，体现了政府资金的流向。最后，财政支出责任划分科学与否，对于激励政府履行事权，合理配置资源，实现知识产权发展有着重要的现实意义。

知识产权公共服务本身的完善有助于资源的优化配置。在知识产权创造环节，合理的产业制度安排，即通过赋予发明创造主体创新成果财产权，可以充分提高人财物资源配置效率；在知识产权运用环节，在参与转化人获得丰厚回报的前提下，可以大力推动资源向优质产业聚集；在知识产权保护环节，对各种侵权行为的打击和制止，维护了资源聚集的秩序；在知识产权管理和服务环节，为知识产权成果转化提供优质平台，推动了产学研结合，充分调动了从知识产权创造到运用的每个环节的人力、物力和财力，良好的外部环境能充分发挥市场资源配置的主导作用。总之，在市场经济环境下，知识产权公共服务自身完善有助于科技成果顺利实现产业化并产生效益，在社会范围内实现资源合理分配。

1.3　研究基础与文献综述

1.3.1　知识产权相关研究基础

1.3.1.1　知识的概念和属性

（1）知识的概念。

通常而言，知识定义为真的信念，以真命题表达。现代社会以信息上的意义来定义知识，一般表述为知识就是正确的信息。知识的定义很多，要给出一个知识的充分必要条件是不可能的，但是可以给出一些最低的条件或定义（李喜先，2014）。托夫勒（Toffler）认为，数据代表相互不太连续的客观存在；信息是经过整理、分类的数据；知识则是在信息的基础上修饰成较广泛的结论。默顿（Merton）认为，知识是经验上证实了的和逻辑上一致的预言。波普尔（Popper）在他的"三世界学说"中提出宇宙先后出现了三个亚世界：世界1（无机界）存在并出现有机界和生命；世界2在世界1的层次上发生，也就是精神现象的存在；世界3是基于世界2基础上的更高层面，即文化现象，是人造的客观意义的知识，是人类精神世界的产物。生成论和系统论则认为，知识在精神世界中生成并在头脑中意识化、概念化，具有符号化的特征，以信息为载体，具有客观实在性。按照马克思主义认识论，从本质上来说，知识属于人的认识范畴，是人的思维从认识结果角度而不是从认识过程角度对客观世界稳定的反映，是思维对客观世界认识的成果。客观对象作为知识来源，是一个存在于思维之外的"自在之物"，它不以人的意志为转移。人通过对客观对象的反映形成知识，但是在人还没有对客观对象认知或形成知识之前，该种客观对象已然存在了。

（2）知识的属性。

正因为知识是客观存在于人的认识中的主观反映，而人的认识又受历史条件、社会集团、个人经验等诸多因素所制约，因此就决定了知识的其他各种属性，或者说决定了知识这个概念内涵的多样性。

从掌握知识的主体来看，知识具有个人属性和社会属性这两重属性。而且这两种属性既是相互对立、相互矛盾的，又是相互转化、相互依存的。知识的个人属性是指知识在一定阶段和一定条件下只被个别人所掌握。知识的社会属性是指知识在一定阶段或一定条件下被广大群众所掌握，成为全人类的宝贵财富。

一些知识在一定时期只具有个体性，只被少数人或个别人所拥有；或者相反，一些知识尽管在一定时期能被社会大众所获悉，却把某些个人排斥在外，还没有获得某些人的个体属性。

知识的社会属性决定了知识也是一种商品。凡是商品就具有使用价值和交换价值这样的两重性。因此知识也具有商品的两重性：使用价值和交换价值。一方面，个人知识需要经过市场交换才能实现知识的社会属性，即交换价值；另一方面，得到交换价值需放弃知识的使用价值。

1.3.1.2　产权的概念与属性

（1）产权的概念。

无论是在法学界还是经济学界，产权的概念并不相同，但大多都和所有权紧密相关。通常有以下几类观点：①把产权和所有权画等号，认为所有权可以从广义或狭义上来理解，即"所有权"是指人对资产的占有与支配关系（程恩富，

1997；吴宣恭，1995；黄少安，1997）。②认为产权和物权是相同的，不断扩展的物权观念，日益接近于我们表述的产权。因此产权观念可以作为发展物权的目标参照。③产权等于债权，"从广义上讲，产权包含两层含义，一是所有权，二是债权。从狭义上讲，产权实际上就是债权，是所有权在市场运动中的一种动态的体现"。④产权就是财产权（王利明，1998），产权是一种包含物权、债权以及由此衍生出的各种具体权利的复合财产权利。以上四种观点中的第四类更被经济学界和法律界普遍认可。

本书认为，产权即财产权，是一种通过社会强制而实现的对某种经济物品的多种用途进行选择的权利。产权的内涵及外延都远大于所有权、物权。产权直接体现为经济利益的权利，不仅包括以所有权为主的物权、准物权、债权等权利，还包括了其他经济主体的广泛性权利（吉富星，2014）。

（2）产权的属性。

产权的本质决定了产权具有排他的根本属性，即使用、交换产权所创造的利益或带来的损失只能由产权主体所拥有。从知识的社会属性来讲，知识的本质也是一种商品，知识所有者可以通过使用和交换知识产权获得收益，从这一点看，知识的本质也是一种财产权，其与产权的本质属性是相契合的，知识的使用和交换本质就是一种无体物产权的交换。

1.3.1.3 知识成果的基本属性

（1）强外溢性。

知识成果具有较强的外溢性。知识成果表现为创新，创新的载体是知识成果，非创新者可以模仿创新者，并对知识成果进行复制，无须付出报酬就可以获得收益。

效用不可分割性和消费非竞争性是公共产品的基本属性，基于此，知识成果无法视同完全意义上的公共产品。公共物品具有全社会共同提供、共同享用的特点。知识成果与公共物品的基本属性不一致，即成果占有人可以通过产权保护等方式实现技术上的排他，来获取部分收益，此时，知识成果的非公共物品性质一览无余。知识成果所有者获得收益之外的利益，这些利益其他使用人也可以获得并且不能被分割，这就导致外溢性的产生。

此外，消费的非竞争性也导致了强外溢性的产生。知识成果消费的边际成本为零。知识成果，无论其形式如何，任何消费丝毫不会减少该成果的质量或数量，也不存在拥挤成本。因此，知识成果特殊的存在方式使之不存在拥挤的现象。

布坎南把具有部分非竞争性或部分非排他性的公共产品称之为准公共物品，而知识成果符合准公共物品的标准。准公共物品存在的外部性，使得私人边际收益小于社会边际收益，进而导致市场失灵。阿罗早在1962年就将科技创新中的市场失灵称之为知识成果外溢性。

（2）高风险性。

知识的产生源于对未知领域的求索，需要若干投入且不确定性极强，成果产生的高风险性如影随形。知识产生的过程不是一帆风顺的，期待可能出现的结果不必然出现，事实上，知识生产失败的概率很大。以科技成果转化率为例，我国70%的科技成果都无法转化（李毅中，2020）。

知识成果高风险性有不同的划分方法。按照知识活动环节中的风险来源，有知识成果创造过程中的技术风险，还有成果转化后，商业化和社会化过程中可能面临的市场风险、政治风险和伦理风险。其中，技术风险和市场风险首当其冲。技术风险是创新中手段、路径、工艺等引起的风险；市场风险则是在市场机制中，由于投入规模大、回收期长、成果产业化成本高等带来的风险；政治风险涉及国家之间或政府部门间的争斗和博弈；伦理风险包括信息技术、生命科学等方面新成果的出现给社会带来的伦理挑战。

知识成果中的风险是分环节的。通常认为知识创造活动分为基础、共性技术和应用三个研究方面。泰奇的风险曲线描绘了知识成果产生中风险分布的阶段性。各阶段风险有差异，越接近创新源头，失败的可能性越大。

1.3.1.4 知识产权概念、特征和属性

（1）概念。

"知识产权"来自西方译文，对应的法文为"Propriété Intellectuelle"、德文为

"Gestiges Eigentum"、英文则是"Intellectual Property",按其字面意思,为"智慧(财产)所有权"或者"知识(财产)所有权"。17世纪中叶,法国学者卡普佐夫首次将一切来自智慧领域的活动概括为知识产权,这是"知识产权"一词的最早考证。后来,比利时法学家皮卡第又提出了新的知识产权概念,他否认了知识产权和所有权的一致性,认为知识产权有时间限制并且可以再生。对于知识产权,我国曾长期称之为"智力成果权"。1986年《中华人民共和国民法通则》第五章第三节正式出现"知识产权"一词。从此,我国大陆地区普遍使用"知识产权"这一概念。

然而,时至今日,国内外对于知识产权的概念尚未界定统一并达成共识。在实践中,对于知识产权概念界定方法大体上可以分为两类,一类是概括法,另一类是列举法。概括法是通过对知识产权内涵和外延的抽象概括来界定知识产权概念;列举法是通过完全地列举知识产权权利范围来界定知识产权概念。

大部分国家的法律或国际条约,都采用列举法来界定知识产权概念。知识产权组织公约(WIPO)条款中,在其第2条第8款列举了知识产权所拥有的权利:①与艺术、文学及科学作品有关的权利。②与艺术家表演活动、录音制品及广播有关的权利。③与人类创造性领域的一切活动内发明有关的权利。④与科学发现有关的权利。⑤与工业品外观设计有关的权利。⑥与商品商标、服务商标、商号及其他商业标记有关的权利。⑦与防止不正当竞争有关的权利。⑧一切其他来自工业、科学及文学艺术领域的智力创作活动所产生的权利。知识产权组织公约里规定了缔约国无条件接受缔约意味着各缔约国对知识产权概念表述的认可。根据世界贸易组织(WTO)的《与贸易有关的知识产权协议》(TRIPs)第二部分第1节至第7节的规定,知识产权包括版权及邻接权、商标权、地理标志权、工业品外观设计权、专利权、集成电路布图设计(拓扑图)权、未披露过的信息专有权。

知识产权的定义在我国来自法律范畴。现实中,我国法学界主要采用概括法来给知识产权下定义。20世纪80年代,对来自国外舶来品的认识,将知识产权定义为人们对创造性智力成果的专有权利(郑成思,1993)。1992年,国际保护工业产权协会(AIPPI)又将知识产权划分为"识别性标记权利"和"创造性成果权利"。在此基础上,我国部分学者又对知识产权概念做了新的阐释。主要观点有：①知识产权是指对通过智力创造性劳动所享有的无形财产的权利（李国光，1999）。②知识产权是民事主体依据法律的规定，支配其所有的信息，享受其利益并排斥他人干涉的权利（张玉敏，2002）。③知识产权是智力成果的创造人或者工商业标记的所有人依法享有的权利的通称（刘春田，2003）。④知识产权是人们基于自己的智力活动创造的成果和经营管理活动中的标记、信誉而依法享有的权利（吴汉东，2004）。⑤知识产权是自然人、法人或其他社会组织在一定时间和一定地域范围内对其创造性智力成果和工商业标记依法享有的民事权利（王晨雁，2005）。⑥知识产权是权利享有人利用和支配法律规定的相关知识信息并分享其收益，且具有排他性的权利（张伟等，2006）。

我国法学家对待知识产权的概念多有争议，从上述对于知识产权定义的主要观点来看，其差别在于对智力成果、工商业标记以及法律规定的其他知识信息并享受其利益的排他性权利主体和客体的认识上。对于主体而言，不管是自然人还是法人，一定要是权利人；对于客体而言，当今随着科技飞速发展，知识产权外延不断扩大，以前对于知识产权保护范围的界定不断被打破。相比较而言，上述第⑥个知识产权的概念更易于接受。

（2）特征。

关于知识产权特征，在国内很多著作中多有论述，但是迄今为止众说纷纭，争议很大。我国知识产权研究萌芽于20世纪80年代末，比西方晚了百余年。根据舶来品的理解，把知识产权保护对象抽象认识为创造性的智力成果，具有"地域性""时间性"和"专有性"的特征。地域性是知识产权效力限制在特定的国境，是主权国家或地区的领土限制；时间性特指知识产权在一定期限届满之后，超过法定时间就不再受到保护；专有性又称独占性或排他性，有两层含义：一是知识产权在除法律规定外，任何个体或法人未经许可不得侵占权利；二是两个或两个以上同属性的知识产权不能存在于同一知识产权客体之上。

随着国际知识产权交流不断发展和我国知识产权法学研究的不断深入，学者们对知识产权进行了重新认识，对知识产权的特征做了新的概括。代表性的观点有：郑成思（1997，1998）认为知识产权的特征为"可复制性""时间性""地域性"和"无形性"；李国光（1999）认为知识产权具有依法审查确认、时间性、地域性、独占性和具有财产权和人身权双重属性；张玉敏（2002）认为知识产权是支配权、对世权，可分区域取得和授予多人；吴汉东（2000，2004）认为知识产权的本质特征是客体的非物质性，基本特征有时间性、地域性和专有性，但是每一基本特征都有若干例外；金多才（2004）认为客体的非物质性、知识产权的地域性和可分地域取得和行使的特性是知识产权的三大特征。

归纳知识产权的特征应该有两个标准：一是独特性，知识产权特征必须是其所特有的，必须能与其他民事权利区别开来。二是普遍性，即适应所有的知识产权特性，不能有例外。基于这个认识，本书倾向于认同金多才对知识产权观点的概括。

（3）属性。

目前，学术界针对知识产权概念与特征的界定是基于法学范畴研讨的结果。知识产权概念与特征出自法律范围，在法学范围讨论其概念和特征是其应有之义。但是，不同专业领域对同一客体的众多属性侧重有所不同，知识产权属性同样需要从多个维度来认知。在知识产权经济时代条件下，从民法学理论研究知识产权属性是天然要求。知识产权作为一项制度，脱离于一国文化教育繁荣、科技进步和经济发展，立足于全球化背景下，关乎到国际贸易、国际科技、文化交流合作甚至国际政治。因此，从经济学、管理学、政治学等学科多角度、全方位地研究知识产权属性，有利于全面把握知识产权的本质蕴意。

从法律角度来看，知识产权是私权。WTO 的 TRIPs 协定在序言中明文指出：知识产权为私权。所谓私权，第一，它是私人权利，特指民事法律关系的主体。第二，它是私有权利，是特定的人享有的权利。第三，它是私益权利，是与公益相对应的私人利益。私权是知识产权的基本属性之一。

从经济学视角来看，知识产权是社会政策的一项制度和工具。一个国家会根据现实和未来发展状况，在知识产权领域做出必要的制度选择和安排，指导和规制知识资源的创造、利用、归属及管理等。

从管理学视角来看，知识产权是无形资产。在管理学中，无形资产是没有实物形态具有独占性的经济资源。运用管理学的方法，研究知识产权要素产出与发展，谋划知识产权经营、管理和评估，探索作为无形政策的知识产权在创造、流通等各环节运行规律。

从国际贸易角度来看，知识产权是全球贸易制度的基本规则。1991 年通过的 TRIPs 协定，与《关税及贸易总协定》（GATT）、《服务贸易总协定》（GATS）构成 WTO 的三大主体制度。TRIPs 协定以国际法律文件的形式正式确立了知识产权与国际贸易的合法关系，将知识产权保护纳入新的国际贸易体制中，构成了国际贸易的"知识化"和知识产权的"国际化"（吴汉东，2006）。

知识产权的属性还可以从其他角度进行考量，上述几个范畴对知识产权属性的总结，在于解释知识产权的社会作用、价值形态与法律形态。上述几个范畴对知识产权属性的分析是相互联系而不是彼此隔绝的。这些并非是知识产权的全部属性，而是对建立知识产权制度的基本理解以及本书以后展开分析的铺垫。

1.3.1.5 知识产权基本内容和运行环节

知识产权基本内容有狭义和广义之分。狭义的知识产权基本内容，是知识产权法律框架体系包含的内容，即调整知识产权的归属、行使、管理和保护等活动中产生的社会关系的法律规范的总和。广义的知识产权基本内容，是指围绕知识产权所建立的国家层面、市场层面、社会层面以及国际层面各种制度、机制安排的总和。广义的知识产权内容既涉及宏观方面的国家、市场和社会，又涉及个人或微观企业。

当今时代，知识产权已经超越法律范围，知识产权基本内容也充分融合到经济发展的各个环节。知识产权运行包括创造、运用、保护、管理、服务五个环节，我们对其的态势持续高级化的过程，称之为知识产权发展。它包含五个方面的内容：一是指知识产权创造的增加，包括知识产权数量的增加和质量的提升；二是指知识产权运用的扩张，包括知识产权转化为生产力能力和产业化程度的提高；三是指知识产权保护的合理，包括健全的立法、司法和行政保护体系的建立，以及防止知识产权滥用和提高知识产权保护力度的措施等；四是知识产权管理的科学，包括运用财政、政府采购和产业、能源等政策，引导市场主体创造和运用知识产权，强化国际知识产权布局；五是知识产权服务的完善。规范知识产权中介服务，构建市场基础的信息服务平台，完善知识产权交易体系，强化知识产权文化建设，保障知识产权人才需求，加强知识产权对外合作交流等。

上述环节在知识产权发展中的地位并不相同，在知识产权发展链条里，创造是前提，运用是根本，保护是关键，管理是基础，服务是保障。知识产权发展是政府进行知识产权活动追求的目标。

1.3.2 知识产权对创新驱动的作用研究

经济增长理论是知识产权策略的经济学基点。现代经济学研究核心之一就有关于经济增长的研究。随着整个社会经济发展，经济学家对经济增长核心要素的认识也在不断更新。现阶段，创新是经济可持续增长的重要原因已经达成共识，各种鼓励和保护创新活动的政策工具不断涌现，知识产权政策就是这些工具的重要体现。

1.3.2.1 创新驱动的基础理论

在古典政治经济学中，斯密在研究国家财富增长时指出一个国家经济增长来源于劳动分工、资本积累和技术进步（Smith，1937）。马修斯和里卡多认为一国人均收入存在一个均衡水平，即"马尔萨斯陷阱"（Malthus，2003；Ricardo，1951）。他们认为一国的经济增长要素：土地、资本和劳动产出的边际报酬是递减的，最终导致经济增长停滞。

在新古典经济学家研究中，马歇尔强调了企业的外部经济与内部经济对经济增长的作用（Marshall，1920）。熊彼特认为，经济增长是由创新引发，造成生产要素和生产条件"新的组合"的"创造性破坏"过程。而且，特别强调企业家在追逐最大化收益中对创新的青睐在客观上推进了经济增长（Schumpeter，1934）。

哈罗德和多马经济模型是现代经济增长理论的奠基（Harrod，1939；Domer，1946）。在哈罗德—多马模型中，强调了左右国家经济增长水平的两个最主要因素：一个是资本产出比率，另一个是储蓄率，这两个因素分别反映了生产效率和全社会投资水平。哈罗德—多马模型的约束条件是资本和劳动两种生产要素同时实现充分就业的稳定状态，而这一状态在现实中很难实现，因此该模型有其局限性。然而，由于首次在经济增长理论研究中使用了数量经济学方法，对原有经济增长理论研究做出了重大突破。

哈罗德—多马模型核心在于对生产函数的假设。根据该假设，短期内生产函数有一定现实性，而长期中劳动和资本可以相互替代。斯旺和索洛在该模型的基础上，提出各自的经济增长理论模型，后人将他们的理论称为新古典经济模型（Swan，1956；Solow，1956）。边际收益递减是新古典经济模型生产函数的主要特征。因此，在斯旺和索洛看来，如果没有技术进步，长期人均经济增长率为零，经济持续增长离不开外生的技术进步。

卡尔多（Kaldor，1957）、凯斯（Cass，1965）、库普曼斯（Koopmans，1963）、阿罗（Arrow，1962）和乌沙华（Uzawa，1965）都在各自理论研究中，从不同角度对新古典经济模型进行了修正，但都没能对经济系统中内生增长问题给出答案。

20 世纪 80 年代后期，开始涌现出一批内生经济增长理论，罗默和卢卡斯分别以知识的溢出效应和人力资本解释了经济增长的研究思路（Romer，1986；Lucas，1988）。以他们的研究为起点，经济学界刮起了讨论内生经济增长理论的旋风。知识和技术在长期经济增长中的作用备受内生经济增长理论推崇。

然而，直到现在，一个突出的问题是对知识的研究不够深入，缺乏明晰界定的概念。对知识的深入研究和理解是增强内生经济增长理论对现实解释力的一项非常重要的基础性工作。同时，知识和制度的统筹问题也同样值得思考。很多经济学家认为经济增长有两个重要因素，分别是技术进步和制度，且两个因素相互促进。因此，本书把内生制度及相关经验研究纳入内生经济增长模型中是有益的探索。

1.3.2.2 国外研究综述

罗默认为经济发展的决定因素是创新和技术进步两个内生变量，技术成果会作用于中间产品进而促进最终产品的产出提高，同时，外溢效应作用于技术创新并推动人力资本率不断提升，进而促进经济持续发展（Romer，1990）。古尔德和鲁本以95个国家近30年的数据为样本，论述了开放经济条件下知识产权保护对经济增长的影响大于封闭条件（Gould and Gruben，1996）。在封闭条件下，知识产权保护对经济增长几乎没有什么影响。汤普森运用回归方法说明了知识产权政策与经济增长的关系（Thompson，1999）。人均GDP高于3400美元的国家，知识产权政策与经济增长呈正相关关系，相反，低于该值的国家相关关系不显著。随后，汤普森在模型中引入了全要素生产率，通过比较，知识产权制度对发达国家经济增长呈显著的正相关关系。帕克也认为知识产权保护对研发等投入的影响间接促进了经济增长（Park，1999）。格罗斯曼（Grossman）和赖（Lai）认为，发展中国家需要适度的知识产权保护，因为发展中国家在对知识产权保护时面临动态增长效应和静态福利损失之间的均衡。发达国家由于具有更大的人力资本优势和市场规模，知识产权保护强度要高于发展中国家。吉纳特和帕克通过构建知识产权保护强度指标发现，越是研发能力强的国家，越能从知识产权保护中获益，从而建立知识产权制度的意愿越强烈。反之，研发能力和技术基础薄弱的国家，从知识产权政策中获益低甚至会产生负面效应，因此缺乏建立知识产权制度的动力（Ginarte and Park，1997）。但是，知识产权制度在推进产业发展、增加要素投入、激励创新进而推进经济增长方面作用显著。一旦自主研发成果对经济发展贡献达到一定程度，知识产权制度就会成为该国的必然选择。科技进步完成从模仿到创新的转变后，这个国家才会主动加强知识产权制度建设。

知识产权保护可以激励创新，促进产业发展，增加要素投入和推动经济增长。当自主研究开发成为一国产业发展主要动力的时候，知识产权保护就会成为一国必须采取的措施。当一个国家科技进步由模仿到创新时，才会有动力去加强知识产权保护。无论对于何种国家，知识产权都与贸易额和FDI（外国直接投资）呈正相关关系，知识产权在经济全球化中的作用日益重要（Smarzynska，2000）。汤普森提出的人均GDP的阈值标准，说明了知识产权保护得到重视的前提是某国人均GDP要达到一定水平（Thompson，2005）。法尔维选取了80个国家20年的面板数据，得出了知识产权保护促进高收入与低收入国家经济增长，但不影响中等收入国家的经济增长的结论（Falvey，2006）。

知识产权与经济增长并不总是呈正相关关系。知识产权和中等收入国家并无明显增长关系（Falvey et al., 2004）。虽然知识产权保护能鼓励和保护创新，但客观上造成了创新力的减弱和知识溢出的减少，这导致知识产权保护和经济增长呈"U"形关系。鲍德林和莱温认为经济增长与知识产权制度存在负相关关系，在扩大的市场规模条件下，应该降低知识产权保护的强度，因为较严格的知识产权保护不利于知识外溢（Boldrin and Levine, 2010）。

虽然存在一定的争论，但是西方大多数研究成果倾向于知识产权保护与经济增长有正相关性。经济如何增长这一命题有其复杂的机理，受到该国政策方针、资源禀赋、发展程度等诸多方面的影响和制约，而知识产权政策只是影响经济增长的若干约束之一。不同研究者得到的结论多有不同，知识产权作用于经济增长的机理有待进一步研究。无论得出哪种结论都有一定的约束或假设条件，否则就会得出错误甚至相反的结论。

1.3.2.3 国内研究综述

近年来，国内学者纷纷对知识产权与经济增长关系进行定量研究。刘华（2002）构建了专利和 GDP 的回归模型得出两者间有较强的相关性。徐竹青（2004）通过对国内外研发支出、人均 GDP 和专利数量进行比较分析后发现，专利数量与经济发展水平相关性较高，专利活动频繁的国家或地区经济增长明显。张继红等（2007）对我国 31 个省份区域增长与专利的相关性使用了空间计量等模型得出了专利数量与区域经济增长有显著性正相关关系。高雯雯等（2006）运用 1985~2002 年的有关数据，对专利产出与经济增长进行了时间序列均衡分析，结论是两者之间无明显因果关系。陆幼雅（2003）认为知识产权保护在知识成果传播利用、国际间技术交流与合作等诸多方面对经济发展起到了极大的促进作用。方曙等（2006）基于各省份专利数量与经济总量间的数据，找出了两者具有较强的关联性幂函数。王林等（2009）在内生增长理论基础上，抽取了 85 个国家样本，得出了知识产权保护与经济增长间的关系。他们认为各国制定知识产权保护强度时要有所区分，以该国的技术水平和国际技术发展尖端为知识产权保护程度的依据，制定出适合本国国情的知识产权制度。吴凯等（2010）把中国内生化技术创新引入内生经济增长理论框架，采用技术知识存量的时间序列数据为变量，证实了中国现阶段加强知识产权制度建立的必要性。中国知识产权发展报告课题组（2015）在柯布—道格拉斯生产函数的基础上，使用中国31个省区2013年的知识产权与经济增长等相关数据，经过多元线性回归分析得到知识产权指数与经济增长的弹性系数为0.078，并引入贡献率公式进一步得出，2008～2013年，知识产权对经济增长的平均贡献程度为23.29%。

从上述的研究结论中不难看出，在已有的知识产权与经济增长研究文献中，除了基础理论、扩展理论和定性分析外，还对知识产权进行了知识产权与增长之间的相关分析、回归分析和因果关系分析，但是它们总体上忽略了一个事实，知识产权是否直接对经济增长产生作用，知识产权制度发挥作用的社会基础如何，这些问题在上述研究中并没有给予回答。

时至今日，知识产权已经演化为集创造、运用、保护、管理和服务为一体的有机系统，知识产权系统任何一个环节的优化，都能推动经济增长。在本书的研究中，也会继续深化这一议题。除此以外，本书针对政府在知识产权发展中的事权定位，对于公共服务的社会适应性进行了定量分析，明确了政府和市场对于知识产权发挥作用的渠道和边界，上述这些内容在前人的研究中容易被忽略。

1.3.3 财政支出与知识产权相关研究

"二战"后，科技创新在国家之间的竞争地位愈显重要，特别是第二次科技革命和知识经济的发展，使得世界各国纷纷采取财政政策在内的政策工具扶持本国科技创新的发展。研究者全方位、多角度地探析了增强国家创新力的财政支出政策，这些研究中也涉及知识产权的部分内容，主要的研究领域如下：

（1）财政对促进知识产权创造支出原因的研究。

研究者认为基于完善的市场经济环境下，促使政府推动科技创新的动力主要有三个方面：一是科技创新本身具有的效益外溢性和公共物品性。20世纪50年代始，阿罗和尼尔森等认为如果一项新技术产生的社会效益大于私人效益，科技创新就会具有积极作用。这表明，尽管科技创新外溢性会阻碍创新者的创新动力，但从整个社会来看是有益的，即促进整个社会福利的帕累托改进。政府需要综合考量私人收益和社会收益的关系，平衡外溢性产生的积极性和消极性，以使社会产出理想化。这种思想体现了知识产权利益平衡原则的要求。二是科技创新具有风险性和不确定性，这导致创新投资收益的风险性比起传统投资收益的风险性要大得多。因此，风险厌恶者往往对知识产权创造持回避态度，导致私人部门提供的研发资金不足，严重制约科技创新和知识生产。安沃·沙赫认为研发投资者和项目实施者之间信息不对称的存在也限制了私人部门的研发投入。他认为知识成果需要保守秘密，但成果商业化需要向投资方公布部分信息。投资方由于缺乏对知识成果的充分了解，从而使得可能达成的合作不了了之，最终由于信息不对称的存在阻碍了创新主体获取资助。三是基础研究、关键战略技术的投资，企业无法承担其风险，因此政府需要起主导作用。尤其对于发展中国家来说，重大战略关键技术促成的跳跃式发展有助于实现产业结构和整体经济水平的提升。因此，在某种程度上，知识产权是一项公共产品，需要政府进行投入。

（2）对财政支出促进知识产权效果的研究。

学者们研究了税收对创新主体研发的影响。有代表性的是曼斯费尔德和斯威兹运用公司调查研究法，对加拿大多家研发公司进行了实证研究，结果表明，政府因为税收减免所拉动的研发投资远小于放弃的财政收入。但是安沃·沙赫建立了一个生产结构体系考察加拿大研发税收抵免措施对研发投资产业的影响，得出了相反的结论。其原因在于后者设计了更为合理的税收激励措施。

罗默分析了内生技术变化，他认为知识要素的积累可以促进经济增长。知识作为非竞争性产品，其外部效应可以促进资本和劳动收益递增，从而致使经济长期增长。帕克在罗默的基础上，进一步提出具有非排他性和非竞争性的财政支出也能促进经济增长。拉维库马尔和格洛姆在交叠世代模型基础上构建的财政生产性支出方程，证明了经济增长离不开公共教育支出的作用，这间接证实了知识产权的发展离不开政府对应用教育和基础教育的投入。

（3）区域创新理论中对财政支出机制及作用的研究。

代表性的研究是美国经济学家罗斯托的"经济成长阶段论"。该理论认为，某个国家或地区整个国民经济的发展取决于某个起带头作用的主导部门，该主导部门的科技创新带动了经济发展。主导部门是不断变化的，当某个部门吸收主导部门科技后，优先其他部门创造利润并扩大其他部门需求，该部门就变成了新的主导部门。对于那些可能成为主导部门的部门，政府的支出政策应该优先向该部门倾斜，积极鼓励和引导其成长。

法国经济学家佩鲁1950年提出的增长极理论认为，在增长形成的经济空间内，由于科技持续创新，使得其对外部经济空间逐渐产生影响，甚至起到支配作用。政府正确的做法是出台相关政策促使企业集群出现进而形成经济空间，带动和促进空间内外的经济增长。

20世纪90年代欧洲的一些创新研究学者基于对当地知识密集型产业的飞速发展提出了创新环境理论。该理论强调财政支出政策应重点关注提升区域的技术和专业化水平，提升劳动力素质，推动单个企业无法实现的技术或管理创新的共享。

（4）国内对财政支出促进知识产权研究的现状。

国内对财政支出促进知识产权的研究主要在两个方面展开：一是涉及知识产权的政府科技投入功能和效应研究。例如，姚洋和章奇（2001）针对我国政府在研发方面的投资效应进行了研究，结论是政府在研发投资方面的主导并非是一种有效率状态。在一些有政府背景的科研机构中，政府研发费用支出的增加对企业效率有负面影响，研发费用更应该由企业承担，他们建议将公共研究机构转制成市场化机构。刘和东（2007）所作的协整和因果关系检验里运用了财政科技投入和专利申请数据，结果认为专利申请量的变化是由政府科技财政投入造成的。二是科技投入效率与评价研究。这方面的国内文献很多，学者们大多从时间和空间两个维度阐述科技投入的作用。这些研究的算法多样，采用了DEA、面板数据等多种模型。这些研究涉及知识产权的内容不多，但我们能大致得出财政支出对知识产权效率状况的判断。

（5）对知识产权财政支出政策实施效果的研究。

如果没有客观的评价指标和评价标准，财政支出政策对知识产权影响效果往往会流于空泛。国内外有一些对于财政投入政策实施效果评价的探索。经济学家乔根森和霍尔基于新古典学派的分析框架，创立了资本成本计算法，通过公司和股东的各种税收优惠来评估财政支出和实际资本成本的效应。此外，瑞士国际管理发展学院出版的《世界竞争力年鉴》和世界经济论坛出版的《全球竞争力报告》分别对区域经济竞争力的评价指标体系和方法进行了评价，知识产权正是两者的重要指标之一。目前，在我国比较有影响力的是国家知识产权局发布的《中国知识产权发展状况评价报告》和高文律师事务所每年编写的《中国知识产权指数报告》。上述两个报告对我国知识产权财政支出做了量化。

通过以上的文献梳理，可以看出针对政府对科技创新（知识产权）支出政策的理由、作用及相关调控机制等，国内外研究均从不同角度、不同侧面有所涉及。但是综合而言，尚未形成一个公认且完整的关于政府投入政策对科技创新（知识产权）机制影响的理论体系，一些领域还处于讨论环节，有待进一步细化和探究，尤其财政支出（责任）对知识产权整个运行链条作用状况缺乏研究。

1.3.4 财政分权与公共物品供给研究

1.3.4.1 国外研究

（1）公共物品有效供给的文献综述。

萨缪尔森在其著作《公共支出的纯理论》（Samuelson，1954）中明确提出了公共物品的定义，公共物品是相对于私人物品而言的概念，它具有非竞争性和非排他性两个典型特征。萨缪尔森在他的著作当中提出了有关公共物品最优供给模型，并得出了能够满足社会福利最大化的公共物品的最优数量。但是模型中提出的假设在现实中大多不易实现，因此仅仅依靠市场和政府的调节很难实现公共物品的最优供给量。

此外，针对公共领域与私人领域资源有效配置问题，庇古运用效用法进行了分析。按照效用论，某人消费某种公共物品时获得了正效用，但是，政府对其征税，客观上使其放弃了私人物品消费，产生了机会成本，这又造成了负效用。因此，缴纳税赋的边际负效用等于公共物品消费的边际正效用的点对应的供给量，就是公共物品最佳供给量。

林达尔和维克赛尔研究了税收利益原则，认为人们以自愿的交易为基础，通过民主决策的过程缴纳消费公共物品所需税收，从而实现公共物品的有效供给。同时，公共物品的供给数量应该与公民缴纳的税负相匹配，以达成均衡条件，即林达尔均衡。

无论是萨缪尔森模型还是林达尔均衡，都是假定人们能够显示出真实的偏好，但在现实中公共物品供给之所以不能实现最优供给，一个很重要的原因就是人们难以表露出对公共物品真实的偏好，因而难以支出公共产品的价格。如何使人们真实地表达出自己的偏好，成为经济学家后来研究的一个重要方向。

（2）财政分权与公共物品供给关系研究。

关于财政分权与公共物品之间关系的研究起始于中央政府与地方政府在公共支出水平上是否存在最优"市场解"的讨论。马斯格雷夫认为由于公共部门的国民收入没达到最优，因此公共支出也无市场最优解（Musgrave，1939）。偏好显示问题、社会选择问题和公共品管理问题是公共物品供给的三个主要问题。居民在购买商品时会根据自身的偏好来选购私人物品，但对于公共物品而言则不同，居民倾向于隐藏自己的真实偏好，因此市场难以提供能够满足居民真实偏好的需求，需要通过其他途径让居民显示自己的偏好。在社会选择机制上，要求具有可传递性、非专制性、帕累托最优和不相关选择独立性，而社会选择不能同时满足上述特性。市场能够有效率地产出社会所需的私人产品，但是由于居民选取公共管理机构的信息不完备，同时公共管理者对公共产品供给的积极性也不高，因此政府的公共支出水平无法达成市场条件下的福利最大化，需要通过市场以外的手段来达成公共物品供给最优效率。

蒂博特最早研究了分权与公共物品供给关系的问题（Tiebout，1956）。蒂博特否认了马斯格雷夫的观点，他认为马斯格雷夫的观点不适合地方财政支出，只适合于中央财政支出。蒂博特认为，地方政府提供公共产品更能够满足当地居民的偏好。公共产品供给的关键问题是公共物品偏好的信息如何在双重身份（投票者和消费者）居民中显示出来。蒂博特还认为，地方政府的收支模式比中央政府的收支模式更能够使居民显示其对公共物品的偏好信息，因为其双重身份可以使他们通过衡量不同的地区的收支模式来决定自身的居住地区。蒂博特的关于地方政府公共产品最优供给理论引发的中央政府分权思想，还引发了后续的经济学家在该领域的大量研究。麦圭尔在蒂博特"用脚投票"的理论基础上进一步提出了动态模型，该模型很好地说明了居民经过选择住所，去寻找税收和公共产品最优匹配的原因。此外，达成最优状态的均衡条件也在模型里体现出来了。

"俱乐部"理论进一步分析了分权对于公共产品供给的必要性。布坎南在其《俱乐部经济理论》中提出了拥挤性纯公共物品和私人物品的概念（Buchanan，1965），该概念有别于萨缪尔森的定义。布坎南在他的俱乐部经济理论中提出了一系列的假设。他认为每个成员都分属不同的俱乐部，在俱乐部内部，成员偏好相同，成本与收益均摊且没有排他成本，信息完全流通。基于这些假设，布坎南给出了俱乐部里最佳公共物品供给的状态。传统财政分权理论中，政府能有效提供公共物品和弥补市场失灵，但布坎南等公共选择学派对此观点持否定态度。政府要达到利益最大化，其行动是实现政府财政收入最大化，因而政府也无法实现公共产品最优供给。布坎南认为应该限制政府征税，在地方政府中引入激励设计机制和通过法律规定来满足辖区内居民公共物品需求，最终达成财政权和政治权分权化，减少交易的信息成本和组织成本，从而提高公共产品的供给效率。

蒂博特和布坎南的理论都强调居民可以充分选择对公共物品的偏好，政府在提供公共物品时也要考虑满足居民偏好。此外，蒂博特在公共物品供给效率的分析中提出的有关分权概念在以往的研究中获得了突破。

奥茨（Wallace）对财政分权与集权和公共产品供给之间的关系提供了一个规范的分析方式，他提出了地方政府存在的分权定理。他认为，同一地区内居民享受的公共物品是公平的，公共物品无论是由中央政府还是地方政府来提供成本都是一样的。然而，从整个社会福利最大化角度，地方政府比中央政府更能够提供满足居民需求的公共产品，因而更能够提升社会整体的福利水平。因为在针对居民真实偏好方面，地方政府比中央政府更具优势。

通过公共物品和分权间的关系，可以看出在市场经济条件下，弥补市场失灵并实现资源的帕累托效率配置是政府存在的应有之义。然而有效的市场结构要想得以实现，关键在于使地方政府官员的行为与公共利益达成一致，这也将直接影响分权的效果。

1.3.4.2　国内研究

中国财政分权改革一直被视为转型国家的成功案例。钱颖一（2003）认为，中国经济的成功，部分来自分权为市场化的深入创造了良好条件。财政分权为地方政府维护市场行为提供了激励。维护市场的经济联邦制强调公共物品的提供应该放到最有条件的政府层级去管理，公共物品的性质和领域决定了由哪个层级政府进行管理。

但部分学者认为财政分权并没有增加公共物品的供给，甚至减少了公共物品的供给。贾智莲等（2010）运用动态因子法实证分析了中国地方政府在民生和教育类公共物品方面的供给情况，研究结果认为财政分权并没有显著提高地方政府对此类公共物品的供给水平。乔宝云等（2005）运用西方财政分权理论，以小学义务教育为案例，检测"用手投票"和"用脚投票"两种机制在中国的适应性，结果表明分权没有提高小学义务教育的供给，其原因在于地方政府追求资本和经济增长的竞争行为在一定程度挤占了对义务教育的财政支出。平新乔等（2006）根据中国地方政府1999~2002年的预算内外收支数据，比较了地方政府预算内外支出在教育、基础设施等方面的情况，发现预算内和预算外支出结构和职能有一定差距，预算外收入是地方政府主要收入来源。这种财政激励状况导致了公共物品供给结构的偏差。于长革（2008）认为地方政府在追逐地区经济利益驱动下，一方面会促进经济高速增长，另一方面可能会使地方政府忽略教育等公共产品的供给，造成公共物品供给不足及城乡间、区域间不平衡，只有从财政分权体制和机制上调整和完善，才能改变公共物品和服务的供给水平。

除此之外，有的研究人员发现财政分权对公共物品的影响是由不同的外因导致的。卢洪友等（2010）建立了公共服务发展指数，对30个省7项公共服务的省级面板数据进行分析，研究了财政分权对基本公共服务影响后发现适度的收入分权增强了地方政府的财力，增加公共物品的供给，但政府间的投资竞争降低了公共服务的供给水平，因此卢洪友等建议改变地方政府以 GDP 为重点的绩效评估模式，转向以社会福利指标为重点，从而改善公共服务滞后的状况。龚锋等（2013）对教育、医疗卫生服务的配置效率进行实证研究。以萨缪尔森的效率条件界定公共服务配置效率的数量标准，运用财政分权多维指标测量了教育、医疗卫生配置效率。结果表明，分权指标不同，公共服务的配置效率也不同。因此只有深入分析不同的指标和不同公共服务配置效率的关系，才能全面评价分权对地方公共服务配置效率的影响。

通过上述财政分权和公共物品的关系，可以看出财政分权提高公共物品供给效率的文献大都建立在严格的假设基础上，但在现实中，很多条件难以满足，因此帕累托有效的公共物品配置效率很难实现。本书后续会对影响分权效果的因素进一步深入研究，找到真正抑制分权效果的因素，从而改善公共物品和服务的配置效率。

1.4 研究思路与方法

1.4.1 研究思路

本书按照"深入分析现状—实证分析—国际经验比较—提出优化思路—进行机制体制改革创新解决问题"的流程进行框架设计。

本书在梳理知识产权与政府间财政关系相关理论文献的基础上，研究我国知识产权公共服务财政支出责任。首先，综述了知识产权和财政支出责任文献成果，随后对知识产权公共服务这一命题和该领域的财政支出责任特点进行了理论分析，提出了本书的理论分析框架。其次，深入剖析了我国知识产权公共服务中的事权与支出责任划分现状及产生的效应。再次，运用面板数据模型，实证分析了基于财政支出责任视角的知识产权公共服务影响因素。最后，本书在分别借鉴国际上发达国家和发展中国家实践基础上，提出了财政支出责任在优化知识产权公共服务中的思路和改革创新知识产权公共服务体制机制的路径。

1.4.2 研究方法

财政支出责任在知识产权公共服务中的研究涉及财政学、金融学和法律等多个学科领域，本书主要基于财政学的视角进行研究。本书采取了文献分析法、调查访问法、规范分析和实证分析相结合的方法。

1.4.2.1 文献分析法

文献法通常是获取第二手资料的有效途径，通过图书、报刊、网络等介质，收集与研究本书撰写所需的数据与资料，为进一步研究做好知识铺垫。一是搜集与本书相关的知识产权和财政支出等理论，夯实研究的理论基础与依据；二是广泛征集相关的研究方法和研究观点，寻求适合本书的研究方法；三是汇集政府间财政关系发展的制度等方面的资料，为研究提供科学论据；四是搜集国外知识产权强国政府间财政支出体制及其促进创新驱动发展经济效用方面的经验，为提出优化支出责任思路及开展体制机制改革创新提供政策支撑；五是保持知识产权研究的动态性，以保证洞悉知识产权发展领域的最新进展。

1.4.2.2 调查访问法

调查访问法是获取可靠二手资料和准确得到第一手资料最直接的办法。

在本书的研究中调研了基层干部、高校教师、企业负责人、知识产权局等相关行政部门不同层面的参与者对知识产权发展的看法和对目前国家相应政策的评价。

1.4.2.3 规范分析和实证分析相结合

规范分析和实证分析是两种无法避免的研究经济的方法。前者带有价值判断，回答了"应该是什么"的问题；后者用来描述客观经济事实和行为，回答了"是什么"的问题。在研究知识产权公共服务财政支出时，以固有价值判断为基石，经过层层缜密逻辑推导，才能科学探究里面的运行规律。同时，只有运用大量的统计资料，借助一定数量方法，对财政支出责任的效应进行实证分析，才能全面判断财政支出责任履行和划分对知识产权公共服务的效果。

1.5 研究内容与框架

1.5.1 研究内容

财政支出责任涉及事权与支出责任在不同级别政府间的配置状态，它包括两个范畴：一是事权和支出责任的界限划分，即哪些是属于市场配置资源范围，哪些是属于政府配置范围；二是在多级政府构架下，各级政府间对事权和支出责任的分配。

与之相呼应，理论界对财政支出责任研究涉及三个方面：一是对事权和支出责任内涵的研究；二是对不同层级政府间事权和支出责任划分研究；三是政府间支出责任划分的效应研究。本书的研究上述三方面内容均有涉及。结合知识产权公共服务，本书的主要内容包括：

（1）知识产权公共服务的本质属性及范围界定。

本书从知识产权理论内涵开始，深入剖析了知识产权的公共政策性，阐述了知识产权公共物品属性，并运用系统化分析方法，通过对知识产权创造、运用、保护、管理和服务五个系统要素分析，对知识产权公共服务边界做了界定。

（2）财政支出责任履行现状分析。

本书运用事权理论分析框架，以公共服务事权与支出责任匹配为视角，分析了在知识产权公共服务领域，财政支出责任履行的不同情形以及形成原因。

（3）知识产权公共服务的影响因素分析。

本书基于财政支出责任角度，构建面板数据模型，通过知识产权财政支出数据及经济发展水平等有代表性的控制变量，测量财政支出等支出责任要素对知识产权公共服务影响的效应。通过实证分析，政府在知识产权保护、管理和服务支出方面与知识产权公共服务具有显著正相关关系，但市场创新环境和中央与地方支出责任划分对知识产权公共服务影响不显著。

（4）财政支出责任界定的国际经验借鉴。

本书分别考察了以美国、日本、韩国和印度为代表的发达国家和发展中国家在知识产权公共服务中的财政支出责任范围，分析了它们在支出责任履行及划分背后的逻辑，得出对我国知识产权公共服务中财政支出责任履行及划分的经验启示。

（5）完善知识产权公共服务中财政支出责任的思路与措施。

本书提出了优化支出责任整体思路、目标和原则，并按照功能和项目方法分别对我国知识产权公共服务政府间支出责任做了界定，探索对现有体制机制框架的变革，以使财政支出责任与知识产权公共服务事权相适应。

1.5.2 研究框架

本书的研究框架如图1-1所示。

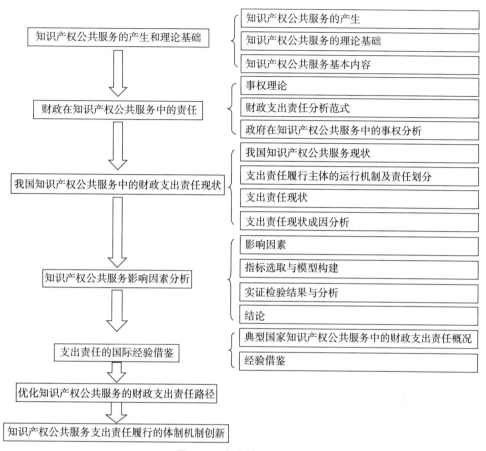

图1-1 本书的研究框架

1.6 创新与不足之处

1.6.1 创新之处

1.6.1.1 创新事权理论对政府与市场、政府间分权分责探讨

政府的事权与支出责任相适应是我国财政体制改革的三大领域之一，是现阶

段我国经济体制改革实践得出的科学结论。然而，来源于经济实践的这一中国特色客观表述，目前还只停留在文件、会议、学术论文等对其部分内涵或外延表达上，尚未形成完整的理论解释和分析其框架。

本书创新性地总结了事权理论，形成了该理论的分析框架，并运用该理论来研究知识产权公共服务，考察财政支出职能，具有一定的理论创新性。

1.6.1.2 系统化知识产权公共服务领域研究，引入知识产权发展分析框架

知识产权发展分析框架的提出是本书创造性地对知识产权领域分析系统化的拓展，是根据当今知识产权运行态势提出来的。知识产权发展分析框架包含知识产权创造、运用、保护、管理和服务五个有机环节，最能体现知识产权公共服务有机体。以往对知识产权领域的研究，要么是把知识产权创造、运用、保护、管理和服务五个环节分裂开，要么只综合研究一两个环节。知识产权这五个环节的每个环节都有深刻的内涵，是当今知识产权运行必须经过的流程，缺少哪一环节的分析，都很难对知识产权发展综合状况给予全面把握。

本书提出知识产权发展框架，有机地把知识产权当成一个系统来看待，有助于全面把握知识产权公共服务总体态势，为知识产权的研究开辟全新的视角。

1.6.1.3 提出了优化财政知识产权投入的体制机制创新

本书突破了就知识产权谈知识产权公共服务的思维。如果脱离整个政府职能转变和科技行政体制机制的改革，单纯讨论支出责任优化，并不能从根本上解决问题。因此政府知识产权支出责任优化最终还需要从体制机制上寻找解决之道。

本书通过对事权与支出责任进行分析，对我国知识产权发展中的体制机制改革，提出了独特的调整思路，具有较强的实践参考意义。

1.6.1.4 搭建了财政支出对知识产权公共服务的计量评价模型

财政支出的效果是财政支出责任的重要体现，如果不能在研究中予以较好衡量，不能不说是个遗憾。然而，在知识产权研究领域，通过对财政支出实施效果的文献综述进行分析，我们发现，现有的对知识产权发展状况的评价，主要是构

建了一套指标体系来间接说明财政支出对其的影响。而针对财政支出的直接衡量，无论是国内还是国外，都只有零星的对于专利的描述，缺乏对于知识产权整体发展状况的计量分析。本书通过精心选取的变量，构建了有关知识产权公共服务的计量模型，存在一定的方法创新。

1.6.2　不足之处

第一，在本书实证研究中，由于数据的可得性，无法精确地测算出财政支出等变量对知识产权公共服务的影响效应，并且不能对政府间财政分权与知识产权公共服务影响进行定量分析。因此，在今后的研究中，还应进一步建立更加科学的模型和加强数据的搜集，以提高财政支出责任研究的科学性。

第二，本书研究对象的范围还需进一步细化和扩充。知识产权客体和知识产权发展都是在不断动态变化的，因此，对知识产权公共服务的研究难以面面俱到。今后仍要不断跟踪和总结国内外知识产权公共服务中出现的新情况和新变化。

2 知识产权公共服务的产生和理论基础

2.1 知识产权公共服务的产生

2.1.1 知识产权公共服务的概念

公共服务概念本身经历了一定的演变。据考证，1912年，法国公法学派代表莱昂·狄骥（Leon Duguit）最先提出了公共服务的概念。他认为凡是与社会进步和团结紧密相关的，一定要由政府进行规范和控制的活动就是公共服务。公共服务具有如果没有政府干预便无法得到保障的特征。[①] 囿于时代和知识局限，狄骥认为公共服务唯一合法的供给主体是政府，并且需要通过法治来发挥政府在公共服务中的作用。奥克森在前人研究的基础上，基于行动理论的逻辑考量，把公共服务供给看成是一系列集体选择行为的集合，集体选择行为也规定了产品和服务的数量与标准。奥克森深入探究了约束个体消费公共产品与服务的行为、经费来源、何种公共产品与服务以及如何安排生产等问题。[②]

公共服务是从公共物品的概念中孕育出来的。随着现代社会的发展，政府推进经济快速增长等目标的主导性选择，由原来的直接干预方式转变为通过提供公

---

① 李军鹏. 公共服务学 [M]. 北京：国家行政学院出版社，2007.
② 奥克森. 治理地方公共经济 [M]. 万鹏飞，译. 北京：北京大学出版社，2005.

共物品等间接方式来实现。同时，公共经济学理论也在逐步发展。在现实中，公共服务已经转变为政府改革和世界公共行政的核心内容。

公共服务涉及的领域非常广泛，它不仅涵盖了科技、文化、教育、卫生等行业，还包括了公共基础设施建设领域，同时也囊括了为民众参与政治经济等权利所提供的保障。因为标准和语境不同，人们对公共服务含义的理解存在不同程度的分歧。

总的来说，公共服务有狭义概念和广义概念之分。狭义的概念是指政府向社会成员提供公共产品或服务。这里的公共产品或服务具有的性质包括消费效用的不可分割性、消费的非竞争性和消费的非排他性。广义的概念不仅包括提供公共产品或服务，还包括像管理、调节、监管等这样的公共服务，本质上涵盖了经济调节、社会管理、市场监管和提供公共产品或服务这四个方面的内容。本书讨论的公共服务，是指广义范畴的公共服务。

知识产权公共服务就是指：社会管理组织（通常指政府）采用各种机制和手段，整合各类社会资源，通过公共物品载体，为达成知识产权发展，提供的各种有形或无形的促进社会福利的公共行为的总称。知识产权范畴的公共服务，应当既要体现21世纪公共行政的应有之义，又要贯彻到知识产权创造、运用、保护、管理和服务各个环节，为知识产权发展提供良好的制度和公共物品等供给，为企业等主体参与市场活动提供全面保障。

2.1.2 知识产权公共服务的产生和发展

2.1.2.1 知识产权公共服务的萌芽

保持秘密信息（通常是某个想法）是最早出现的知识产权萌芽，目的是为了对想法持保留权，它区别于现在对知识成果缔造者的奖励。早在美洲的原始部落中，某些传统行为只能秘密地传授给部落规定的继承者。古希腊文明时期的哲学家，希望自己的知识被大众接受和使用，无偿地宣传自己的理论观点。与之恰恰相反，古希腊诗人认为诗歌是自己智慧的结晶，是商品。诗人 Simonides 向那些请求他赋诗的人们收费，并且坚定地认为作为一门艺术，要像产品一样在市场上出售。Simonides 宣称的内容已初步具有知识产权条款的雏形。除此之外，古罗马手工业者或商人在商品上炮制的烙印也被看成是知识产权的雏形。

在中世纪的欧洲，商品经济的发展导致了技术的日益商品化，并随着商品交换的产生，最终产生了专利制度的萌芽。君主赐予工商业者某些商品经营上的垄断特权，使其免受商业行会的干预①。譬如，1331 年，工艺师约翰·卡姆比因其在染织和缝纫方面独有的技术被当时英国国王授予独有的专利。1421 年，建筑师布鲁内来西发明的"带吊机的驳船"在意大利佛罗伦萨被授予 3 年的垄断权。1474 年，威尼斯颁布了世界上第一部最接近现代专利制度的法律。这些垄断权的授予和来自国王的特许，旨在促进一国经济发展，巩固王室统治。

"威尼斯首次为发明专利提供连续和持续"的规则，而非偶尔授予的独立垄断权。该法律规定当公共领域已存在某种创新时，授权不被认可，但保护时间有限等规定与现代专利制度本质上近乎相似。

专利制度在威尼斯时代产生有重要的时代和经济背景。当时的威尼斯并不是一个真正意义上的国家，法案颁布和实施困难较小。威尼斯的行业协会扮演了打击假冒商标的角色，具有一定的社会执法基础。当时，威尼斯作为欧洲最重要的贸易聚集地之一，汇集了大量商户和行业工人。后来，威尼斯人涌向了欧洲其他贸易和工业中心，并且带去了专利所有权的概念，推动该概念从欧洲传播到全世界。

2.1.2.2 现代知识产权制度的诞生

16 世纪至 17 世纪，资本主义工业革命爆发，资本主义生产的发展使新技术、商标的拥有者们有了强烈的对自己新技术或商誉等保护的愿望，对知识产权制度化要求和依赖性日益加强。因此，在法律上必然需要建立一套保护私权的制度体系。直到 1624 年，英国颁布了《垄断法》，宣告了世界首部专利法的诞生。在同

---

① 胡开忠. 知识产权法比较研究［M］. 北京：中国人民公安大学出版社，2004.

一时期，相比较意大利、法国等国家，英国无论在政治经济还是在社会环境上都更加成熟，这也是英国率先产生专利制度的原因。此外，由于重商主义的兴起，政策制定者更加注重以国内生产代替进口并增加出口，而专利授权恰恰就是吸引国外技术的手段。

英国的《垄断法》颁布后产生了一个较严重的问题，那就是物价上涨，并迫使当时英国政府对法案进行了审视和修订。《垄断法》中对专利授权的否定因素存在了200多年，导致了工业革命中创新者的激情没有被完全激发出来。但这并不妨碍该法案成为世界上第一部现代专利法，特别是《垄断法》中首次明确了专利授予条件，达成了专利纠纷从法庭转变为司法制度的跳跃。

2.1.2.3　知识产权制度大辩论与国际协调

在19世纪，知识产权制度作为一项公共服务，面临各种权衡和取舍较量，主要是效用主义和理想主义、个人利益和公共利益之间的辩论。效用主义知识产权是事前专利，理想主义知识产权是事后专利。1781年的Arkwright专利案显示了知识产权制度维护公共利益的一面，但对私人利益未予支持。当时，部分资本主义国家先后效仿英国的知识产权制度制定了一系列保护专利、商标等的法律，包括强制许可、专利有效性、引进专利要求等。这些国家针对知识产权保护存在很多差异性，而且保护强度不大。

19世纪后半期，一场关于知识产权与自由贸易关系的大辩论席卷主要工业发达国家。发明家、专利律师和大型企业主试图通过专利制度寻求发明创新的保护。自由贸易者们认为发明创造不是某个人或某位天才的成果，而是客观技术进步的产物，具有社会属性，因此不能对知识产权进行保护。他们承认知识产权是种奖励，但好处往往没有落实到发明家的身上。他们还认为知识产权阻碍了发明专利的积极性。最终，这场辩论以支持知识产权制度方获胜而告终，但最终也使规则制定者认识到，跨国知识产权保护在贸易自由化的大趋势下是项重要任务。

20世纪初，英国在世界第一次、第二次工业革命完成后，退出了世界经济技术领导者的位置，美国和德国后来者居上。大型企业有加强知识产权保护的动力，美国、德国相继修改了法律，强化了知识产权保护及国际协调。1883年通过的《保护工业产权巴黎公约》是第一部真正意义上的国际性知识产权条约。该条约涉及专利、商标和工业设计。此公约的诞生意味着知识产权保护大辩论的终结及其知识产权保护制度的国际化。随后，瑞士政府参照《保护工业产权巴黎公约》，在1886年推出了第一部国际版权公约——《保护文学和艺术作品伯尔尼公约》。

2.1.2.4 国际经济新秩序

第二次世界大战后，世界政治和经济格局发生了重大变化，美国在世界舞台上独领风骚，一改之前对知识产权垄断与保护持疑虑的态度，转而为知识产权全球保护呐喊助威。20世纪80年代初，美国推行了亲专利政策。一方面积极加强现有制度下的专利保护，使专利权益得到强化；另一方面不断扩大对创新成果的保护范围。美国通过不断修订和新增知识产权保护法案，使知识产权保护强度和保护客体范围逐渐增大。同时，美国政府通过积极投资科研开发产生了更多知识产权。1980年推出的《拜杜法案》，强调了政府投资，私人企业享受成果的重要产权配置方式。在国际上，美国不断推动知识产权国际保护，第一是利用美国国内贸易措施保护美国知识产权权利人的海外利益，其中最著名的是"特别301条款"和"337条款"。前者是对不遵守知识产权规定的国家实施制裁，后者被用来防止以不公平竞争方式向美国出口和销售产品，损害或侵犯美国企业及美国的利益。第二是利用关税及贸易总协定及后来的世界贸易组织贸易自由化谈判等进程，强化国际知识产权保护。20世纪90年代以后，随着WTO成员根据TRIPs协议完成对有关法律的修改，美国初步实现了通过所谓国际协调达成知识产权保护的法律框架目标。

综上所述，美国知识产权公共服务可以分为国内和国外两个部分，具有强烈的两面性。对内，美国促进科技进步的核心理念是通过竞争提高经济效益，并提高消费者福利。对外，美国建立强化保护知识产权的国际规则，并通过自身影响力，主导知识产权保护的范围、强度和话语权，立足于自身知识产权利益最大化。其他发达国家和发展中国家也纷纷调整其知识产权政策，高度重视知识产权，试图找出一条适合本国国情的知识产权公共服务之路。

从上述知识产权变迁史来看，在知识产权发展全球化浪潮的背后，反映的是全球范围内的经济争霸和经济控制制高点的争夺。私权和市场显然不能解决这些问题，政府介入成为一种必然。知识产权的全球化，与其说是在削弱中国国内法的效力，毋宁说是通过另一种更为基本的方式对国家主权构成挑战（孟奇勋，2007）。

2.1.2.5　改革开放以来我国知识产权公共服务的发展脉络

20 世纪 70 年代以后，伴随着中国的改革开放，我国的知识产权发展经历了三次历史性转折：第一个转折从 20 世纪 70 年代末开始，外国政府把要求中国建立知识产权制度作为对华投资和技术输出的前提条件，中国用了大约 20 年的时间，完成了西方国家用几十年甚至上百年的时间才建立的现代知识产权制度。中国先后于 1982 年、1984 年和 1990 年颁布了《中华人民共和国商标法》《中华人民共和国专利法》和《中华人民共和国著作权法》。1980 年，我国加入了《建立世界知识产权组织公约》（以下简称 WIPO），成为世界知识产权组织成员国；1985 年，我国正式成为《保护工业产权巴黎公约》成员国，1989 年参加了《商标国际注册马德里协定》；1992 年加入《世界著作权公约》和《保护文学和艺术作品伯尔尼公约》；1993 年参加《保护录音制品制作者防止未经许可复制其录音制品公约》；1994 年成为《专利合作条约》成员国；1993 年，我国对商标法进行了第一次修正，同年，第八届全国人民代表大会常务委员会第三次会议通过了《中华人民共和国反不正当竞争法》；1999 年我国进入《国际植物新品种保护联盟公约》。从该阶段知识产权发展来看，我国知识产权制度在逐步与世界接轨的同时，还建立了初步完善的知识产权制度框架。

第二个转折发生在 21 世纪初，在美国继续推行知识产权霸权和中国积极"复关"和"入世"背景下，中国开启了与世界知识产权融合的新里程，包括知识产权制度在内的知识产权不断发展完善。2000 年，中国对《中华人民共和国著作权法》进行了第一次修正，对《中华人民共和国专利法》进行了第二次修正。2001 年，我国对商标法进行了第二次修订，并加入了 WTO，知识产权公共服务进入了后 TRIPs 时代。为了适应知识产权发展状况，加快与世界知识产权接轨，我国于 2008 年对《中华人民共和国专利法》进行了第三次修正。

第三个转折从 2008 年至今，2008 年国家发布的《国家知识产权战略纲要》中提出在 2020 年，要把我国建设成知识产权创造、运用、保护和管理水平较高的国家。在这个阶段，知识产权发展逐渐被大众所接受，政府认识到知识产权发展在国家发展和国际竞争中的重要性。为适应知识产权发展新时期的需要，2020 年我国对《中华人民共和国专利法》进行了第四次修正，2020 年对《中华人民共和国著作权法》进行了第三次修正，2019 年对《中华人民共和国商标法》进行了第四次修正。全球化和创新型国家建设两大背景为知识产权发展提供了足够的动力，中国的知识产权公共服务进入了全新而重要的阶段。

2.2　知识产权公共服务的理论基础

2.2.1　新古典经济学视角

新古典经济学有三个核心假设。第一个假设是每一个经济主体总是倾向于使其私利在特定约束条件下达到最大化，即"经济人"假设。这个假设意味着消费者希望其效用最大化，企业希望其利润最大化，政府希望拉到更多的选票。相对于政府而言，知识产权的创造、运用、保护、管理和服务水平的高低，既涉及本国人民能否满意消费，享受高科技和大品牌产品消费带来的满足程度，又关系到本国企业是否在国内外两个市场上拥有核心竞争力和获取高额收益的能力，对于该国能否在国家竞争中保持绝对优势具有重要意义。第二个假设是经济自由是国家强盛和人民富裕的保障，即"自由优于垄断"。但是经济自由主义并不排斥政府的作用，而是强调正确界定和限制政府的作用。把政府的经济作用界定和限制在国防、法律等公共物品上。知识产品需要政府提供制度来加以保障，这个制度就是知识产权。正如自由主义的倡导人之一布坎南所说："没有合适的法律和制度，市场就不会产生体现任何价值最大化意义上的'效率'①。"第三个假设是资源的稀缺性。知识产权属于稀缺的范畴，人们普遍认为知识产权制度是在创新稀缺条件下遵照市场分配原则的最优选择。有些学者认为知识产权的配置方式会导致知识垄断行为的增加，提高了知识扩散的成本，造成社会福利损失和资源配置失效。但是在知识市场中，对知识财产的产权保护无疑是最佳方案。虽然知识垄断行为会导致知识产权暂时浪费，但从长远来看，这种闲置不仅不会对知识本身造成影响，不会对福利造成损失，知识产权还会激励更多的创新，涌现出更多的新产品、新技术等，促进社会福利增加。当今时代，政府为促进知识产权资源利用的社会福利最大化，超脱了知识产权单一保护范畴，把知识产权创造、运用、管理和服务也一同纳入知识产权保护的范畴内。

2.2.2 新制度经济学视角

知识产权是最大限度地降低交易成本的有效制度。交易成本理论是新制度经济学理论的出发点，根据科斯定理，如果交易成本是零，那么产权就变得无关紧要，如果交易成本大于零，不同的产权安排将导致不同的效率结果。在交易成本理论框架下，经济学家主要谈了两类交易成本：一类是由于产权不明，人们会在利益争夺中消耗掉本应正常获得的经济租金；另一类是由于产权不明导致的负外部性，譬如"公共地悲剧"。产权是一种降低交易成本的制度安排。交易成本较低的制度会给资源配置带来较高效率，交易成本较高的制度会给资源配置造成较低效率。知识产权的交易成本包括维持成本、信息成本、检测成本、组织成本、服从成本、契约成本和制止成本等②。这些成本是为了维护知识产权及其制度所需要付出的代价。然而，即便如此，微观主体有强烈的动机去克服这些交易成本问题。对于一个国家而言，为维护知识产权及其制度所付出的交易成本与知识产权所带来的巨大收益相比较而言，更是微不足道的。

知识产权制度演变过程是国家强制性变迁的过程。按照新制度经济学的制度

① 布坎南. 自由市场和国家 [M]. 北京：北京经济学院出版社，1988.
② 袁晓东. 知识产权交易成本分析 [J]. 电子知识产权，2006 (11)：16-19.

变迁理论，制度会随着经济社会的发展而变迁。变迁的过程分为两类：一类是"由下而上"的变迁，即诱制性变迁。这是由于制度失衡而引发的一群人自发倡导、组织和实施的变迁。另一类是"自上而下"的变迁，即强制性变迁，是国家以法律法规的形式实现的变迁。

2.2.3　创新经济学视角

创新经济学的发展大致经历了三个阶段。第一个阶段是创新经济学发端，代表人物是奥地利经济学家熊彼特。他在其《经济发展理论》（1911 年）、《经济周期》（1939 年）和《资本主义、社会主义与民主》（1942 年）三本经典著作中首次把技术创新作为经济增长的内生变量，并研究了技术创新与经济增长的关系，构建了创新的统一理论体系和研究框架。熊彼特把创新和企业生产联系起来，强调企业家的重要作用。第二个阶段是创新经济学形成技术创新经济学和制度创新经济学两大分支。技术创新经济学代表人物 Solow（1956）从技术变革、扩散的角度研究了技术创新，他指出，技术在带来创新收益的同时，也受到非排他性、外部性等市场失灵因素的影响。因此，适当的政府干预可以促进创新的发展。制度创新经济学代表人物 North（1966）将制度与创新结合在一起，把它们和企业经济效益结合起来进行研究。他们还认为制度创新能够为企业追加利润，美国的经济增长与制度创新息息相关，制度创新需要创新主体（North 把它称之为"第一集团"）获得经济利益的组织和个人（这里面的组织包括政府，称之为"第二集团"）的帮助。同时，制度创新主体需要与其他组织和个人共同协作来完成创新。第三个阶段是国家创新系统理论。20 世纪 90 年代以来，随着经济全球化和知识经济的发展，学者们开始意识到创新不仅仅是企业家的职能。Freeman（1987）实证研究了"二战"后日本经济高速发展的原因，率先提出"国家创新系统"的概念。Lundvall（2010）和 Nelson（1993）从更加系统的角度，结合了众多创新要素阐释了国家创新系统，并分析了各类参与者之间的关系以及背后的制度、政治和社会因素；创新的宏观理论内容，在 Freeman 和 Soete（1997）的《工业创新经济学》著作中得到完善，增加了项目评估、国家创新系统等重要内容。国家创新理论认为创新系统是政府、企业、中介组织等为了相同的愿景构建的，创新是国家发展和变革的核心动力系统。

促进知识生产、传播和应用是国家创新系统的基本功能。国家创新系统又分为知识创新系统、技术创新系统、知识传播系统、知识应用系统。知识创新系统和知识传播系统的主要功能有科学知识创新、知识传播与转移和技术知识创新；技术创新系统的主要功能有知识传播与转移、技术知识创新和知识应用；知识应用系统的主要功能有知识传播与转移和知识应用。总的来说，知识产权创造、运用、保护、管理和服务五个环节都无法脱离政府参与。尽管在上述各个环节中政府所承担的作用和扮演的角色不同，但无论是宏观上对法律和知识产权战略的制定还是微观上对企业、高校和中介结构进行指导和服务，都离不开政府的作用。从这一点来说，政府介入知识产权发展各个环节都有其应有之义。

2.2.4　国际贸易理论视角

弗农的产品生命周期理论解释了贸易和投资产生国际化的原因，进而引起了知识产权的国际化研究。通常而言，任何发达国家的任何工业都会经历四个阶段：第一个阶段是创造新产品，进入国内市场；第二个阶段是国内市场饱和，进军国外市场；第三个阶段是国外投资或建厂，向国外提供产品；第四个阶段是产品向母国进口。伴随着第二个阶段的开始，知识财产已经通过国际贸易领域进入进口国。20 世纪 80 年代以来，商品和服务中的知识含量越来越高，知识产权与国际贸易的联系日趋紧密，国际贸易中的商品结构发生重大变化，其结构重心开始转向知识含量较高的商品。这时候，知识财产的流失已成为国际贸易的重要障碍。想要延长商品寿命周期，巩固竞争优势就需要政府或国际组织出面对知识财产保护进行规制。

国际贸易中的比较优势理论主张，一国应该进口比较劣势的产品，同时生产和出口具有比较优势的产品。资源越多的国家比较优势越大，产品成本更小。由于各国的知识产权情况不同，各国拥有的知识产权要素禀赋也不同，一国有必要审视本国的知识产权状况，更好地利用知识产权比较优势产品，提高国际上的竞争力，谋取更大的贸易利益。发达国家为了树立绝对竞争优势的地位，一般会在国际上推行知识产权保护，甚至推行知识产权霸权。发展中国家要根据本国知识产权发展阶段制定适合本国国情的知识产权政策。

2.3 知识产权公共服务基本内容分析

2.3.1 知识产权公共服务的主体和客体

2.3.1.1 知识产权公共服务的主体

知识产权公共服务的主体，就是知识产权公共服务的供给者。按照前文所述，本书研究的知识产权公共服务的供给者就是政府，而后具体落实到跟知识产权有关的管理部门。根据我国的机构设置，涉及政府知识产权公共服务的部门非常多。按照职能划分，有三类知识产权公共服务供给主体（部门）：第一类是知识产权综合行政管理部门，包括国家知识产权局、国家版权局、国家市场监督管理总局、农业农村部、国家林业和草原局，以及采取分级管理体制的省以下各局。第二类主要是与知识产权创造有关的职能管理部门，包括国家科学技术部、国家发展和改革委员会、国家工业和信息化部、国家教育部、中国科学院等，以及采取分级管理体制的省级以下各部（委）。第三类是与知识产权公共服务有一定关联的国家职能部门，包括海关总署、最高人民法院、公安部等。据不完全统计，涉及上述三类跟知识产权公共服务相关联的部门有30多个。本书从知识产权公共服务大概念出发，对上述三类知识产权公共服务主体均有不同程度的涉及。

2.3.1.2 知识产权公共服务的客体

知识产权公共服务的客体是政府部门提供公共服务的对象。知识产权公共服务的客体大体上可以分为两类：第一类是直接进行知识产权创造和运用的市场行为主体；第二类是服务于第一类的市场行为主体。

通常，企业是市场经济的主体，企业也是知识产权创造和运用的主导力量，因此知识产权公共服务的客体有企业。除了企业之外，高校、科研院所、社会团体和自然人也是知识产权创造和运用的重要力量，因此知识产权公共服务客体也包含它们。它们属于第一类公共服务客体。

除此之外，为促进知识产权创造、运用、保护和管理的各行业协会和各中介机构也是知识产权公共服务的客体。它们是知识产权服务业的构成要素，它们的存在主要提供专利、商标、版权、植物新品种、商业秘密、特定领域知识产权等各类知识产权"获权—用权—维权"相关服务及衍生服务，促进智力成果权利化、商用化、产业化。主要包括与知识产权相关的法律服务、代理服务、评估服务、咨询服务、商用化服务、信息服务、培训服务等机构。它们属于第二类的公共服务客体。

2.3.2 知识产权公共服务目标与内容

2.3.2.1 知识产权公共服务目标

知识产权公共服务目标和其他公共服务一样，都应当具备明确的目标，即公共部门通过自己的管理活动来达到所希望的预期结果。目标是知识产权公共服务提供的出发点、中心和归宿，它决定并制约着整个公共服务活动的行为取向。

现实中的知识产权公共服务作用于知识产权创造、运用、保护、管理和服务五个环节的全过程。因此，知识产权公共服务在这五个环节中的目标分别是：①促进知识产权创造的增加，包括知识产权数量的增加和质量的提升；②推动知识产权运用的扩张，包括把知识产权转化为生产力能力和提高产业化程度；③达到知识产权保护的合理，包括健全的立法、司法和行政保护体系的建立，保持适合我国国情的知识产权保护程度和防止知识产权滥用等；④促成知识产权管理的科学，包括运用财政、能源、政府产业、采购等政策，促进市场主体创造和运用知识产权，强化国际知识产权布局；⑤引导知识产权服务的完善，包括规范知识产权中介服务，构建秩序良好的知识产权交易体系，搭建市场化的信息服务平台，强化知识产权人才队伍建设，推进知识产权文化建设，扩大知识产权对外交流合作等。

总之，知识产权公共服务的目标，就是知识产权公共服务主体通过授权、制定规章、提供公共产品、指导和监督、检查和司法等职能，通过引导、检查和监督等方式对知识产权创造、运用、保护、管理和服务等环节提供公共物品，建立良好的知识产权市场秩序，维护国家、社会公众及知识产权权利人的利益。

2.3.2.2 知识产权公共服务内容

从知识产权公共服务主体角度，主体不同，知识产权公共服务的内容也不尽相同。根据知识产权公共服务主体的三种类别，可以把知识产权公共服务内容划分为三种层次：①知识产权综合行政管理部门提供的公共服务内容。综合行政管理部门提供的公共服务涉及知识产权创造、运用、保护、管理和服务各个环节，包括：协调全国保护知识产权工作，完善知识产权保护体系；规范知识产权技术交易政策、拟定知识产权法律法规草案；综合协调知识产权涉外事项，按分工协助知识产权公共服务客体开展知识产权涉外工作；提供知识产权公共服务平台，促进知识产权成果转化；促进知识产权创造的政策和制度供给；制定和实施有关知识产权教育与培训方面公共服务的提供；等等。②与知识产权创造有关的职能部门提供的公共服务内容。这些职能部门提供的公共服务一般涉及知识产权创造与运用部分。这些部分主要包括制定与知识产权创造及运用有关的法规及政策，改善知识产权环境与服务的政策，促进知识产权成果转化的法规政策等公共服务。③与知识产权公共服务有一定关联的国家职能部门。这些职能部门提供的公共服务大多涉及知识产权保护方面公共服务的提供。

从知识产权公共服务层次角度，包括宏观、区域（产业）和微观层次的公共服务。宏观层次的公共服务包括知识产权的法律、司法、行政等各种制度供给，通过强化体制、法规和政策的配套，提供制度环境，让市场在知识产权资源配置中起决定作用。区域（产业）层级的公共服务包括地区和行业知识产权发展提供的公共物品，这部分公共服务涉及大量的财政支出责任。微观层级的公共服务包括企业等知识产权创造和转化主体和知识产权服务等中介结构提供的公共物品，这部分公共服务同样也涉及大量的财政支出责任。

2.3.3 知识产权公共服务的机制和手段

知识产权不同于有形财产权，其有自身的特点和规律，仅仅依靠市场机制中"看不见的手"难以达到帕累托最优，还需要政府部门在市场失灵领域给予公共物品供给。同西方国家发达的市场经济相比，我国还处于经济转型过渡阶段，市场经济体制尚不完善，更加需要政府中涉及知识产权的有关部门进行公共服务投入，发挥引导作用。因此，在进行知识产权公共服务时，既要遵循市场机制和规则，使市场机制的优势得以发挥，又要切实加强政府在知识产权各个领域引导、推动和控制作用，把市场机制和政府公共服务调控有机结合在一起，使之互相协调，达到动态平衡，以保障平等、自由、公正的市场秩序。

根据知识产权本质和特征含义，知识产权公共服务主要采取以下三种手段：①法律手段。法律是保护国家和公民根本利益的有效手段。知识产权公共服务需要提供完善的法律体系，同时严格遵循宪法和有关知识产权的法律规定，依法对知识产权进行公共服务提供，保护合法权益，惩处违法行为，以维护知识产权权利人和社会公众的利益。②经济手段。知识产权作为一种特殊商品，其创造、运用等过程要尊重市场规律和经济规律，充分发挥各种经济杠杆的作用，保证市场公平竞争，实现知识产权有效的公共服务供给。③行政手段。知识产权职能部门可以制定相应的政策法规，把政府的意志通过行政手段加以贯彻，以保障知识产权有关的各项活动。

3 财政支出责任的理论框架与分析范式

经过多年市场经济体制改革和发展，理论界对财政体制改革中的财政支出责任有了更多的认识和理解，但是这些认识和理解大多是关于财政支出责任方面碎片化的阐述，缺乏一套完整的关于财政支出责任的理论框架。本章根据财政支出实践和理论深化的需要，以事权为视角，对财政支出责任的内涵和外延进行重新审视和研究，构建了完整的事权理论，并提出财政支出责任分析范式。

3.1 事权理论——财政支出责任理论框架的核心

事权理论是在中国特色社会主义国情条件下，通过借鉴西方发达国家财税体制理论与实践，和社会主义市场经济体制改革实践，对政府间职责划分本质及发展变化规律的理论总结，它是财政支出责任分析框架的核心。

3.1.1 事权理论框架构建思路

事权理论本身由诸多要素组成，各个要素之间有着一定的内在逻辑联系。构建事权理论框架一般重点解决以下理论问题：①事权理论构建的逻辑或理论起点是什么。②事权理论包括哪些基本理论要素。③各要素之间是依据什么逻辑关系联结或者组织起来的。④事权理论框架构建的目标是什么。本章通过回答上述四个方面的问题来构建事权理论框架。

3.1.2 事权理论的逻辑起点、基本理论要素和目标

3.1.2.1 事权理论的逻辑起点

政府职能论是事权理论的逻辑起点。政府职能从狭义上理解又称为行政职能，是由国家机关承担的国家职业和功能，是社会生活和国家政治生活各种任务的总称，起源于国家公共权力，并通过宪法与法律明文规定。[①] 政府职能拥有公共责任和公共权力，本质上是明晰政府在行使职权过程中应该做什么和不应该做什么，这就是我们说的是否有事权。

政府职能论起源于资本主义生产方式与社会的融合，并随着资本主义生产方式的发展而不断发展。15 世纪的重商主义声称应该强化政府开辟世界市场和重建市场新秩序的力量。斯密、洛克等自由主义思想家相继于 18 世纪至 20 世纪初提出了"有限政府论"，作为经济社会"守夜人"，政府的权限和职能不能直接干预经济活动，而是为国民的自由、人身和财产等提供保障。随着 20 世纪 30 年代"大萧条"的出现，凯恩斯认为"看不见的手"有盲目配置资源等弊端，必须让政府涉足经济领域，鼓励政府通过刺激投资和消费来引导需求。政府干预论实践到 20 世纪 70 年代出现了滞胀，公共选择理论应运而生，该理论认为原有的政府干预会导致效率降低和竞争缺乏等问题，政府职能应该定位于维护市场秩序有效运转上，采取放任自由政策。20 世纪末，很多国家针对公共行政合法性危机等问题对政府职能进行了变革，涌现出了"超越官僚制""创造高绩效的政府组织""无缝隙政府""公共部门民营化、市场化"等思潮。

政府职能论理论范畴有：①政府角色的职能界定，包括"政治人""守夜人""道德人""经济人"等不同政府角色的界定；②政府的基本职能和具体职能；③政府职能关系；④政府职能配置；⑤全球化时代的政府职能；⑥科学发展观引领下的政府职能等。[②]这些理论涉及的政府角色与职能、政府职能关系、政

---

① 张国庆.公共行政学 [M].北京：北京大学出版社，2007.
② 曹闻民.政府职能论 [M].北京：人民出版社，2008.

府职能配置和现代政府职能等相关理论确定了政府的职责和权力，确立了政府处理上述事情的权力，奠定了事权理论基础。

因为有了政府职能，政府才有做事的权力，即事权。政府职能论决定了事权理论存在的理论基础。因此，政府职能论是研究事权理论的逻辑起点。

3.1.2.2 事权基本理论要素

事权基本理论要素是指事权理论框架的基本组成部分，由4个理论构成，即事权的相关概念理论、事权理论框架的支撑理论、事权理论运行机制理论和事权理论的实践理论。

3.1.2.3 事权理论目标

事权理论的目标是建立完善的事权理论。从微观角度来说，事权理论本身来源于政府职能在财政领域内的实践。因此，事权理论最根本的目标是为明晰事权建立理论基础。从宏观角度来看，事权理论的目标是为政府实现加强公共服务、保持宏观经济稳定、弥补市场失灵等政府职能提供智力支持。

3.1.3 与事权理论相关的概念及关系阐释

因为事权理论是我国社会主义市场经济体制改革发展在财政领域的创新理论，所以事权及其相关概念是事权理论的基本要素，是理解事权理论的基础。

3.1.3.1 事权

事权从字面上理解就是处理事情的职权。《现代汉语词典》对事权的释义有两种，第一种是处理事情的权力；第二种是职权。本书所研究的事权一般指政府事权。近年来，事权一词在财经文献中多有论述，对于事权的表述也不尽相同。有些学者认为事权是一级政府所拥有的从事社会、经济事务的责任和权力（王国清、吕伟，2000；刘培峰，2002；等等）。有些学者认为事权是国家管理事务的权力，是对行政权的细化和分类，其来源是管理相应事务的责任（宋卫刚，

2003)。有些学者认为事权是各级政府在公共事务和服务中应承担的任务和职责（国家发改委宏观经济院课题组，2005）。还有些学者认为事权是市场经济条件下，政府提供公共产品和公共服务的职责（李齐云、刘小勇，2009）。

因为角度不同，上述事权概念都是可以接受的，而对上述事权的理解均包含如下含义：①事权是政府范畴的权力，个人和组织谈不上事权；②事权是管理国家事务的权力，是政府职能的反映；③事权体现统治阶级意志，通常有法律作为保障，把政府职责上升为国家意志。

3.1.3.2　财权

财权的概念有狭义和广义之分。广义的财权是指在法律规定范围内，不同层级政府筹集、支配收入的权力，主要包括发债权、收费权和收税权。狭义的财权主要指财政收入权。在讨论事权、财权、财力和支出责任间关系时，财权的概念主要指狭义的范畴。

从理论上讲，事权和财权是统一的。事权与财权统一在西方财政分权理论上无此表述，是中国财政理论界所特有的，其得到众多学者认可的最早表述为："……财权和事权也是联系在一起，我国的社会制度决定国民经济的主体是国营企业与事业。国营企业和事业归哪一级管理，即事权放在哪一级，财权也相应放在哪一级……地方财权的大小和中央划给地方的事权应当一致起来……地方财权的大小，表现在事权的划分上，反映在各项支出的支配权上。"①

从法律上讲，根据权责利效相统一的原则，事权和财权也是如此。权责利效相统一，指的是各管理主体依据经济法律关系，所承担的利益、义务、权力（利）和职责不存在错位、脱节、不平衡等现象且必须一致。② 该原则是经济法的一项基本原则，财政法作为经济法的一部分，理应遵循此原则。在政府各项事权的配置过程中，各级政府在履行职责时必须相应地享有财政收支管理的权力。

---

① 许毅，陈宝森．财政学 ［M］．北京：中国财政经济出版社，1984．
② 刘文华．经济法 ［M］．北京：中国人民大学出版社，2005．

3.1.3.3 财力

财力，从狭义上理解，是某一级政府不包括转移支付在内的财政收入的能力，包括征税能力、收费能力、资产获取能力、举债能力等。某级政府的财力大小，主要取决于该级政府财政资源丰裕程度和征税权的大小。从广义上理解，财力是一级政府可支配的、以货币形式表现的财政收入。对于一级政府而言，财力主要包括自主财力和上级政府的转移支付。

事权和财权的统一是"权"对"权"的统一，在现实中，事权的履行要过渡到"权"对"钱"的统一，即事权和财力相统一。这就意味着，有多大处理事情的权力，就应该配套相应的财力。然而，在实际事权配置中，虽然存在中央事权、地方事权和中央地方共同事权三种事权，但往往出现属于中央的事权委托地方履行的情况，这就使事权与财力的统一问题过渡到了事权与支出责任相匹配的问题。

3.1.3.4 支出责任

责任有两层意义：一是指分内之事，对事、对己、对他人和对社会应尽的义务；二是指应担当的过失，未能履行好工作应承担的强制性义务或产生不良后果。

事权在财政活动领域，对应的就是支出责任。它指的是不同层级政府为了实现自己的目的（包括经济、政治等方面）必须要承担的财政支出。事权包含权力和职责，权力表现为政府对于用钱做哪些事，用于哪类民众支出具有选择权；职责表现为财政上的支出责任。支出责任明确体现了政府事权范围，哪里有支出责任，哪里就有事权。支出责任还确定了某级政府承担了哪些财政支出。此外，承担支出责任的政府还要对提供的公共物品或服务数量、质量和成本负责，即对花钱的效果承担责任。

从某种意义上说，事权在财政领域就是支出责任，事权和支出责任在财政范畴中达到了内在统一。支出责任是由政府承担的运用财政资金履行其事权，满足公共服务需要的财政支出义务，事权是政府在公共事务和服务中应承担的任务和职责，它们之间是内在统一的关系。

在现代市场经济条件下，政府的每项支出都有相应的职能与其对应，政府事权划分的情况可以从财政支出的数量、规模和结构中看出来。支出责任在一定程度上反映了事权，但事权并不能完全等同于支出责任。事权强调权力的归属和执行的主体，履行职责的目标要具体，支出责任更多地关注事权的花费与成本。一般状态下，支出责任和事权具有一致性。在某些情况下，如果财政支出达到了法定水平但仍然没有较好地履行事权，或事权属于一级政府但支出责任让另一级政府代为履行，这就出现事权和支出责任不一致的情况。

3.1.3.5 事权、财权、财力和支出责任的关系

事权、财权、财力和支出责任是构成政府间财政关系的四个要素，它们的归属和配置反映了中央和地方之间、地方政府间错综复杂的财政关系。支出责任和事权是财政支出范畴的概念，财权和财力是与财政收入相联系的概念。事权意味着"请客"，支出责任则意味着为请客而"埋单"的自主权，财力则强调请客要有"钱"，财权则表示"钱的来源"。

从逻辑上，首先，事权要和财权统一，这是"权"对"权"的统一；其次，事权落实到钱，是事权和财力的统一，而要保证财力可以履行事权，则是"权"对"钱"的统一。在现实中，事权与财力和财权在逻辑统一后，还需要支出责任把事权与财力和财权联系起来，体现为政府活动的成本和花费，从而保证事权履行。

综上所述，事权、支出责任、财力和财权是相互链接的体系，其中事权是出发点，支出责任划分是联结点，财力和财权是落脚点。

3.1.4 事权理论框架的支撑理论

事权理论是用来研究政府间财政关系的理论。政府间财政关系理论的渊源可以追溯到西方的财政分权理论。事权理论是在西方财政分权理论的基础上，结合中国市场经济建设实际总结而成的，从这个意义上来说，财政分权理论是事权理

论的支撑理论。

财政集权与分权是现代国家政府间关系的核心问题。西方财政分权理论研究日益受到关注，近年来，经济学研究者在财政分权理论基础上也做了财政分权程度、财政分权与经济增长、财政分权与公共部门规模、财政分权与政府治理等诸多方面的实证分析。除此之外，经济学研究者还对政府设计市场激励机制、可持续性的联邦主义、政府间财政工具和职能如何分配、财政分权的必要性和合理性等问题进行了探究。

发达国家对于财政分权的优劣以及合理配置政府间财政关系的具体实践，为我们健全社会主义市场经济制度提供了有益参照，同时，也为我们配置政府间财政资源提供了宝贵的、基础性的理论与实践参考。

3.1.5 事权的运行机制

事权运行机制就是为达成事权最终目标、发挥功能，事权的作用过程和作用原理及其运行方式。事权运行机制是财政体制运行机制的一部分。政府财政体制包括事权、支出责任、财力和财权四个要素。事权和支出责任相适应后，财政体制运行机制就演化为事权机制、财权机制和财力机制。这三种机制的最终目标通过有效的制度安排，实现各级政府财力与支出责任相匹配。

事权运行机制主要包括横向分工机制、纵向分工机制、决策机制以及监督机制。[①] 横向分工机制是指政府和市场边界清晰，政府需要在市场失灵的地方弥补市场失灵及提供公共产品。同时，在公共产品的提供方式上，为提高公共物品的效率，政府还需考虑私人部分的介入并讨论公私合作提供公共产品的模式。纵向分工机制是指根据公共产品不同的属性特征，中央和地方确定不同公共品供给主体以及明确中央和地方的支出责任，提高公共产品供给效率。决策机制是指规定政府供给公共品的范围、数量和质量。根据公共经济学，政府的职能范围及提供公共品的数量和质量需要通过政府、公民及其代表，经由集体选择方式共同协商

---

① 李齐云．建立健全与事权相匹配的财税体制研究［M］．北京：中国财政经济出版社，2013.

解决。监督机制是指在横向、纵向分工机制和决策机制前提下，需要用制度或法律对上述机制加以规范界定，确保事权机制有效、平稳地运行，实现应有的经济效应。

3.2　财政支出责任分析范式

通过事权理论分析，财政支出责任是连接事权、财力和财权的纽带，根据事权与财力的运行机制，事权与支出责任划分是科学界定财政支出责任的关键。

3.2.1　事权与支出责任划分的理论基础

3.2.1.1　"委托—代理"理论

"委托—代理"理论属于制度经济学契约理论范畴，主要研究行为主体根据契约，制定和雇用其他行为主体为其服务，伴随着对雇佣人的授权和报酬。

"委托—代理"关系理论有三个基本要件。首先，在委托人和代理人之间存在信息不对称。这会造成委托人对委托事项获悉不多且对代理人的行为细节缺乏了解，使委托人保持"理性的无知"并位于信息劣势方。代理人因为介入实施具体项目掌握了更多信息，所以处于比较优势的地位。其次，契约关系是建立"委托—代理"关系的基石。这种契约关系在双方既定、合意的制度安排下，分别明晰了委托人和代理人的职责与权限、权利与义务，确保双方在既定的行为框架内进行各自的活动。最后，利益冲突在委托人和代理人之间是确实存在的。从代理人来讲，代理人的理性选择是保持自身信息优势，在契约可能的范围内谋取自身收益最大化；从委托人来说，委托人主观上期望代理人圆满完成职责以获得最大化收益。双方均是理性主体且彼此利益独立是冲突的根源。因此，寻求代理人激励需求和委托人收益最大化之间的平衡就成了调整二者关系的关键所在。

将上面三个要件对照到我国中央政府和地方政府之间的关系可以发现，中央和地方也存在这样的"委托—代理"关系。第一，中央作为委托人，不能全面地认知地方权力运行的实际状况，拥有了"理性无知"的特性，而地方作为代理人，拥有比中央更多的信息优势。第二，中央和地方的事权划分是有契约的，譬如法律、法规、政策等，用来调整中央和地方的财政关系。第三，在分税制前提下，中央和地方作为两个彼此独立的主体是分别存在的，它们之间存在着利益的博弈关系。

3.2.1.2 公共产品理论层次性及划分标准

公共产品具有层次性的基本特征。在市场经济条件下，公共产品的层次性决定了中央和地方政府间公共物品供给的合理有效分工。公共产品层次划分有二分法和三分法之说。二分法把公共产品分为全国性和地方性两个大类。前者的特性为收益在全国范围且分布均匀，后者则体现在收益范围具有很强的地域性。地方性公共物品一般由政府供给且具有更高的效率，因为地方政府更了解地方居民偏好。按照公共物品效用溢出程度或受益范围，又可以分为全国性、准全国性和区域性公共产品，这是公共物品的三分法。与二分法类似，区域性公共产品对该区域内居民对公共产品需求的数量、质量、结构以及偏好等更为了解。因此，区域公共产品由地方供给更有效率，不仅有利于上级政府对地方政府的监督，而且有利于公共产品的收益挂钩与成本分摊。准公共产品涉及跨区域，在具有较大利益外溢性的条件下，地区之间分工合作与利益协调就成了一种选择，或者由共同上级政府提供公共产品，又或者由某个地方政府提供，上级政府或中央政府提供补贴和转移支付。全国性公共产品则由中央政府提供，以便在全国地域内实现高效配置。不管是二分法还是三分法，背后隐藏的逻辑都是各级政府提供公共产品要与其层级相对应。

3.2.1.3 博弈理论

中央政府和地方政府在事权划分上，存在两个现实的条件。首先，中央政府和地方政府是两个相对独立的理性行为人，这构成了博弈关系成立的基础；其次，中央政府和地方政府的目标既有重合又有矛盾，这意味着中央政府和地方政府之间必定形成"非零和"博弈。

中央和地方在博弈过程中，博弈规则是这样安排的：①由中央政府在全国范围内对资源进行有效配置，通过全国的宏观调控来达到全国利益最大化目标；地方政府对区内资源进行配置，通过区内宏观调控来获得域内利益最大化。②博弈策略是中央政府根据市场经济的客观要求赋予地方部分管理和自主决策权，地方政府在中央政府授予的权限范围内来明确自身事权并进行决策和管理。③根据实际中央政府和地方政府博弈均衡结果，中央政府未能约束住地方事权越位和缺位并存的状况，没有达到中央政府收益最大化。而地方政府虽然短期内在一定程度上改善了本区域的收入和福利，但从长远来看，收益也没能达到最大化目标。因此，中央政府和地方政府是属于非零和博弈。

3.2.2　事权与支出责任划分的原则

从世界范围内来看，处理政府间事权与支出责任划分问题并不存在统一的模式。不管是联邦制国家还是单一制国家，政府间事权划分都遵循了外部性、信息复杂性和激励相容三条原则[①]。

（1）外部性原则。

经济学对经济外部性的解释是经济主体的活动对他人或社会造成了非市场化影响。按照公共产品的二分法或三分法，从中央到地方，不同层次的公共产品分别由不同层级的政府来供给，对应的事权和支出责任归属各自中央或地方。但有些公共产品受益范围超越了本级政府，存在外部性的情况。此时，公共产品供给效率低下或不足，同级政府存在竞争性等问题使协调成本过高，只能由上一级政府进行协调并分担相应的事权与支出责任。

（2）信息复杂性。

由于中央和地方政府面临的信息不一样，信息越复杂，越容易造成信息不对称

---

① 楼继伟. 深化财税体制改革 ［M］. 北京：人民出版社，2015.

的情况。按照二分法或三分法划分过事权与支出责任后，还涉及执行的效率问题。尽管高一级政府承担了受益范围内的公共产品并考虑到外部性条件，但高一层级政府在掌握信息上因为没有地方政府更了解公众偏好而处于信息劣势，将其委托给具有信息优势的下一级政府或者双方共同承担管理，将会有效提高事权与支出责任的效率。无论委托还是共同处理事权，都要考虑支出责任与之相适应，支出责任仍归上级政府，下级政府通过上级政府转移支付来获得代行事权所需要的财政资金。

（3）激励相容。

存在这样一种制度，行动主体作为理性人在谋求自身利益最大化的同时也带来了整个系统价值最优化，这种制度就被称作激励相容。在中央和地方关系中，存在委托—代理关系，在这种关系下，难免会出现道德风险和逆向选择问题，道德风险通常导致代理人拿钱不办事，逆向选择又会造成拿钱多办事少。想要解决上述问题需要设计一套事权与支出责任配置能激励相容的制度，使作为代理人的地方政府在追求自己最大化利益的同时也能充分履行作为委托人的上级政府的事权。如果缺乏激励相容机制，高层政府就必须亲自履行事权，避免低级政府代为履行。钱颖一等论述了激励相容制度的必要性，他们认为在激励相容的政府结构中，各级政府都面临刚性预算约束，市场经济下造就的要素自由流动和全国统一市场的形成，客观上达成了区域竞争，保证了对地方政府有效的激励机制。①

综上所述，若想科学划分不同层级政府事权与支出责任，首先，要考虑公共产品的受益范围以及可能产生的外部性。其次，按照信息处理的复杂性和激励相容原则，上一级政府可以把自己的事权交由下一级政府履行，与事权相对应的财力由上一级政府通过转移支付达成。最终各级政府事权全面实现并达到支出责任与事权的一一对应。

3.2.3 事权与支出责任划分方法

我国与西方发达国家在事权划分上的方法存在差异。西方国家通常按照事权

---

① Qian Y, Roland G. Federalism and the soft budget constraint［J］. The American Economic Review, 1998, 88（5）：1143-1162.

项目来对事权进行划分，把治安、教育等具体项目都划到某级政府。事权和支出责任在西方国家是没有割裂且互相连接的，因此事权划分包含了支出责任的划分，通常按照中央决策、中央拿钱、中央执行或地方决策、地方拿钱、地方执行的方式。

中国的事权是按照要素来划分的。中国事权划分方法与西方发达国家事权划分方法的不同根源于中国特殊的环境条件，是由中国长期的历史、地域、经济和政治因素综合造成的（刘尚希，2015）。在中国，决策、执行、支出责任和监督构成了事权的四个要素。从宏观上，事权要素的划分体现为中央制定、地方执行。因为决策和执行是隔离开来的，导致事权和支出责任相分离，所以才有事权与支出责任相适应这个中国特色的理论总结。事权与支出责任相适应，实际上就是这四个要素相适应。

3.2.4　事权与支出责任划分经济效应

事权与支出责任划分效应是指事权与支出责任划分的功效和作用，更多地侧重于对责任的考量。现实中，事权与支出责任划分经济效应就是在事权与支出责任划分后，对财政职能目标达成的程度如何。进一步说，事权与支出责任划分经济效应宏观上就是事权与支出责任划分对资源配置、公共产品供给、收入分配调整等财政目标实现情况或程度；微观上就是事权与支出责任划分对促进微观指标效率或效果的程度。这也是我们运用事权理论对支出责任进行实证分析的逻辑起点。

3.3　政府在知识产权公共服务中的事权分析

3.3.1　知识产权公共服务中政府和市场的边界分析

按照事权理论，政府和市场边界划分属于事权理论运用机制中的"横向分工机制"。对于"横向分析机制",经济学为我们提供了分析政府和市场边界的逻辑。

第一,社会资源配置体系由市场和政府共同组成,在资源配置中起决定性作用的是市场。市场是一种富有效率的机制,通过价格、竞争等达到各经济主体的效用最大化。在知识产权活动中,市场竞争会使知识产权供求主体经由价格机制来调整自己的供或求,参与各方最终目标是追求自己最大化的经济效用或效益。在现实市场中,市场形成的资源配置关系,体现了参与者自主选择的意志。

第二,政府在知识产权中的事权是国家和社会互动的结果。知识产权制度一个重要的功能就是利益平衡原则,由知识传播的市场失灵领域提供,知识产权公共服务恰恰是应对公众需要的反映。

第三,政府和市场关系在知识产权公共服务中以效率和公平为判断标准。从两者发挥作用的范畴来讲,市场作用发挥在一切市场具有优势的范围,政府作用应该发挥在市场失灵领域;从两者发挥作用的层级来讲,市场机制体现在微观层面而政府机制主要在于宏观层面调节;从两者在资源配置中的地位来讲,除了认同市场资源配置的决定性作用外,还应注意发挥政府的辅助性作用;从两者追求的目标来看,市场追求效率而政府追求公平。

基于以上分析,在知识产权公共服务领域,政府和市场边界划分思路是:首先,要优先发挥市场作用,同时注意政府失灵。知识产权投入前要考虑政府和市场职能划分的先后顺序,按照先市场后政府的顺序来划分两者职能。在知识产权公共服务领域,政府通过放松管制,严格按照市场导向来建立政府的公共政策决定机制,借助产权机制等手段化解资源供给无效率问题。其次,政府在市场失灵以外的领域起到弥补和矫正作用。由于信息不对称、公共物品、外部性和垄断导致的市场失灵,会造成价格机制等功能失效,只有政府在市场失灵领域有所作为,才能弥补和矫正市场机制缺陷。最后,要根据不同情况,调整政府与市场的作用范围。每个国家政府和市场作用机制的环境不一样,要把政府和市场作用的范围放在具体的环境中考察。

综上所述,对于知识产权公共服务中政府和市场边界的考察,取决于某个国家市场化水平、政府现有财力及变化以及民众参与的对公共服务范围决策等因素，政府和市场的边界应该是一个动态调整的过程。政府活动与市场有关联的范围主要是对市场失灵领域进行弥补和矫正，确立和维护优良的市场制度以及基于公平对市场财富的再分配。

3.3.2 知识产权公共服务中政府事权界定分析

第一，从知识产权公共服务的角度，选择政府职能的标准要界定在市场失灵领域。政府要对市场主体的合法行为提供法律保护，保持知识产权领域信息充分，为知识产权发展提供公共物品等。当上述条件不具备时，政府干预就开始了。只要政府采取政策干预，其潜在前提必然是存在市场失灵，换句话说，知识产权公共服务领域供给的正当性，必须加入市场失灵的可能性为约束条件。对地方政府而言，地方上的市场失灵可能与地方公共物品提供缺失、地方性垄断、信息不对称和地方的外部性有关，这些是地方政府提供知识产权公共服务进行市场干预的理论依据。西方发达国家的政府职能在知识产权方面通常有限定范围，主要包括提供良好的市场竞争和运行秩序、推进知识产权事业、建立知识产权发展所需基础设施、协调知识产权产业资源配置结构和区域间平衡等方面。

第二，以社会福利增减程度作为选择政府事权范围的重要标准。知识产权公共服务的边界在于能否满足公共需要，以及能否满足社会正效应这个基本目标。知识产权公共服务在政府介入下，会产生不同的社会效应。如果产生正的效应，政府的知识产权公共服务就能提高社会福利，有力推动知识产权发展；如果产生的是负效应，相应地就会减少社会福利。公共部门的边界应该是政府行为扩展的社会正效应的边际值为零。以此类推，知识产权公共服务社会正效应的边际值为零是知识产权的最大公共品供给边界。在实践中，政府行为的效应还受诸多条件约束，如公众监督、市场化程度、法制建设等。在不良机制环境中，这些约束条件难以发挥作用，所以通常会增加社会的负效应。因此，制度供给在知识产权公共服务发展中也至关重要，是创造良好环境的基础。

知识产权公共服务中政府的事权就是要以满足公共需要为目标，满足社会公众偏好，健全公共支出机制，实现知识产权领域公共需要有效率供给。

3.3.3 知识产权公共服务中中央和地方事权范围的界定

依据事权理论，事权划分的约束条件包括政治因素、社会因素和历史因素。因此，在对我国知识产权公共服务"纵向职能分工"进行界定时，还要站在我国实际国情上予以考量。与发达国家不同，从政府事权的界定来看，我国政府的公共服务支出行为存在严格的边界和区间，即政府公共服务只提供公共物品。政府事权还处于动态变化中，除了把市场失灵的特征作为公共服务支出的依据外，政府和市场活动范围的大小还取决于一国的市场化水平以及公民对政府提供公共服务的认可程度。在现实中，我国的知识产权公共服务拥有自己独特的特性。首先，我国市场调节功能较弱且发育程度不高，政府进入公共产品的范围比西方国家要广很多。很多在西方国家由市场供给的产品，在我国基于知识产权发展，则必须由政府提供。其次，我国实行的是社会主义市场经济，在知识产权创造领域，如高校、科研机构、版权经营机构等，绝大部分都具有国有色彩，公共服务支出在国有经济领域内的目标任重道远。市场机制在诸多制度的限制下，发挥作用的空间受到一定限制，这也是我国知识产权公共服务支出的特殊性所在。最后，我国地域辽阔，历史和现实的原因造就的各地区经济发展水平参差不齐，在自然和历史双重因素作用下，影响了市场发挥功能，也造成了知识产权公共支出的特殊性。所以，在我国，公共服务知识产权支出范围和管理的复杂性要比发达国家大得多。

随着市场经济发展，按照公共产品属性、市场特性和发展目标，政府的事权内涵和外延不断更新，政府与市场活动领域也在逐渐调整。当前，知识产权公共服务主要围绕以下五个层面展开：一是知识产权活动市场失灵的一般领域，如基础设施、知识产权服务等领域；二是知识产权活动的领域，如外部性、信息不对称等领域；三是市场发育程度导致的市场失效领域，如知识产权产业基地、知识产权中介扶持等领域；四是缩小我国的"二元经济"差距，推进区域平衡发展和可持续发展需要的政府公共服务支出领域；五是知识产权战略性调整中政府需要干涉的领域，如高校、科研机构或版权经营机构等市场转制活动。

公共产品的需求层次、公共品供给的受益范围和外溢程度等原则是确定中央和地方支出范围的凭证。按照前面所述，根据二分法或者三分法制定的公共产品事权划分，大体上是按照地方性公共产品地方来承担、全国性公共产品中央来承担的方式满足不同需求层次。从受益范围来看，全国性的受益范围应该由中央来提供，辖区内的受益范围应该由本区域内政府负责。再考虑到外溢范围，外溢程度小的公共物品由辖区政府来承担，外溢到全国范围的公共物品由中央提供。

根据上述分析，我们可以勾画出知识产权各个环节中央和地方公共服务中财政支出责任的界定。除了知识产权制度供给外，在知识产权创造领域，市场无力解决的大型基础设施、国有知识产权创造机构的改制、重大知识产权研发投入经费等支出责任应由中央政府承担；地方知识产权创造的基础设施、地方特色的知识产权研发经费、促进知识产权确权的财政支出责任应由地方政府承担。在知识产权运用领域，促进知识产权产业化和推动地区知识产权发展平衡的支出责任主要在中央层面，对于促进企业等市场主体知识产权转化等事权项目，根据具体情况中央和地方按照一定比例分担，或者地方特色的事项由地方政府承担。在知识产权保护领域，中央负责全国并协调跨地区内的知识产权保护的支出责任，地方负责本辖区内知识产权保护支出责任，横向政府间也可以建立知识产权保护联盟，支出责任由他们共同承担。在知识产权管理和服务环节，中央财政支出责任主要在知识产权国际管理、全国的知识产权服务平台建设；地方政府财政支出责任主要在地方知识产权服务平台建设和推动地方知识产权中介服务体系完善方面支出责任。

4 我国知识产权公共服务中的财政支出责任现状

4.1 我国知识产权公共服务现状

经过多年发展，我国知识产权公共服务得到了极大提升。尤其是 2008 年《国家知识产权战略纲要》颁布后，知识产权公共服务更是突飞猛进，取得了很大成就。与此同时，知识产权公共服务也有与市场经济发展不协调的地方，与国外发达国家知识产权的发展情况还有一定的差距。

知识产权公共服务客观上是为了实现国家知识产权发展。国家知识产权发展包括宏观、区域（产业）和微观三个层次，对应的知识产权公共服务也包含宏观、区域（产业）和微观三个层面。

4.1.1 宏观层面

国家提供的公共服务在宏观上主要指国家提供和优化各种致力于培养市场环境的知识产权制度，包括法律法规制度、司法制度和行政制度，通过制度创造环境，让市场起决定性作用，将各种资源转变为智力资源，推动知识产权创造、运用、保护、管理和服务等环节的发展。

4.1.1.1　知识产权法律法规制度供给现状

有关知识产权的法律规章既从制度上给知识产权提供了保障，又是知识产权公共服务的重要内容。目前我国已经建立了较为完备的知识产权法律体系，国际上，我国是若干知识产权国际条约缔约国（见表4-1），在国内，国家立法等部门参照相关国家经验制定了国内知识产权法律法规体系，构成了我国的知识产权法律法规制度体系。

一般来说，知识产权客体包括专利权、商标权、著作权、其他知识产权权利（集成电路布图设计权、地理标志权、植物新品种权、商业秘密权、展会知识产权、域名权、海关知识产权）以及制止不正当竞争等权利。相应的知识产权法律包含专利权、商标权、著作权、制止不正当竞争权等权利在内的法律规范。大体上，从知识产权法律调整的对象上来说包括专利权、商标权、著作权和知识产权其他权利。

表4-1　有关知识产权国际条约缔约国数量与中国加入情况（截至2022年2月5日）

公约名称	签订日期	生效日期	缔约方个数	中国		
				加入时间	生效时间	签约时间
巴黎公约	1883年3月20日	1884年7月7日	177	1984年12月19日	1985年3月19日	
伯尔尼公约	1886年9月9日	1887年12月5日	179	1992年7月10日	1992年10月15日	
马德里协定	1891年4月14日	1892年7月15日	105	1989年7月4日	1989年10月4日	
海牙协定	1925年11月6日	1928年6月1日	17	2022年2月5日	2022年5月5日	
尼斯协定	1957年6月15日	1961年4月8日	43	1994年5月5日	1994年8月9日	
里斯本协定	1958年10月31日	1966年9月25日	26			

续表

公约名称	签订日期	生效日期	缔约方个数	中国		
				加入时间	生效时间	签约时间
罗马公约	1961 年 10 月 26 日	1964 年 5 月 18 日	92			
UPOV 公约	1961 年 12 月 2 日	1968 年 8 月 10 日	67	1999 年 3 月 23 日	1999 年 4 月 23 日	
WIPO 公约	1967 年 7 月 14 日	1970 年 4 月 26 日	192	1980 年 3 月 3 日	1980 年 6 月 3 日	
洛迦诺协定	1968 年 10 月	1971 年 4 月 27 日	58	1996 年 6 月 17 日	1996 年 9 月 19 日	
专利合作条约	1970 年 6 月 19 日	1978 年 1 月 24 日	153	1993 年 10 月 1 日	1994 年 1 月 1 日	
斯特拉斯堡协定	1971 年 3 月 24 日	1975 年 10 月 7 日	59	1996 年 6 月 17 日	1997 年 6 月 19 日	
录音制品公约	1971 年 10 月 29 日	1973 年 4 月 18 日	77	1993 年 1 月 15 日	1993 年 4 月 30 日	
维也纳协定	1973 年 6 月 12 日	1977 年 5 月 1 日	28			
布鲁塞尔公约	1974 年 5 月 21 日	1979 年 8 月 25 日	33			
内罗毕条约	1981 年 9 月 26 日	1982 年 9 月 25 日	47			
华盛顿公约	1989 年 5 月 26 日		158			1990 年 5 月 1 日
马德里议定书	1989 年 6 月 27 日	1995 年 12 月 1 日	121	1995 年 9 月 1 日	1995 年 12 月 1 日	
商标法条约	1994 年 10 月 27 日	1996 年 8 月 1 日	51			1994 年 10 月 28 日
WCT	1996 年 12 月 20 日	2002 年 3 月 6 日	70	2007 年 3 月 9 日	2007 年 6 月 9 日	
WPPT	1996 年 12 月 20 日	2002 年 5 月 20 日	68	2007 年 3 月 9 日	2007 年 6 月 9 日	

续表

公约名称	签订日期	生效日期	缔约方个数	中国		
				加入时间	生效时间	签约时间
布达佩斯条约	1997年4月28日	1980年8月19日	72	1995年4月1日	1995年7月1日	
专利法条约	2000年6月2日	2005年4月28日	20			
视听表演北京条约	2012年6月26日	2014年7月9日	28	2012年6月26日	2014年7月9日	
新加坡调解公约	2019年8月7日	2020年9月12日	46	2019年8月7日	2020年9月12日	

资料来源：马忠法.知识产权制度引进与互动：WIPO与中国［J］.国际观察，2009（4）：26-33；经笔者更新。

（1）专利权法律法规现状。

第一，法律。1984年我国出台了首部专利法即《中华人民共和国专利法》，并先后于1992年、2000年、2008年和2020年进行了四次修正。第二，行政法规。我国现有的行政法规主要有《专利代理条例》（1991年）、《国防专利条例》（2004年）和《中华人民共和国专利法实施细则》（2010年）、《专利行政执法办法》（2011年）等。第三，地方性法规。专利领域的地方性法规几乎全是有关专利保护条例的。第四，行政规章。地方和部门两大块规章包含了相关知识产权规定。地方政府规章主要有：专利纠纷调解办法、专利工作管理办法、专利许可合同管理办法、专利行政执行办法和专利技术引进办法等。部门规章主要包含专利代理人考核与管理、专利合作条约实施规定、专利代理机构年检、专利质押合同登记管理、专利各种信息行业标准、专利资产评估办法、专利的强制许可等相关条例。第五，国际条约。我国1993年加入了《专利合作条约》，1996年加入了《工业品外观设计国际分类洛迦诺协定》等条约。

（2）商标权法律法规现状。

第一，法律。我国于1982年颁布的第一部商标权的法律为《中华人民共和国商标法》。这部法律先后于1993年、2001年、2003年和2019年进行了四次修正。第二，行政法规。2002年颁布的《中华人民共和国商标法实施条例》是商标权方面的行政法规，2014 年进行了修订。第三，地方性法规。我国的地方性法规包括省市一级关于商标等的保护条例或著名商标认定。第四，行政规章。部门的行政规章主要由原工商部门颁布，包括《商标评审规则》《驰名商标认定和管理暂行规定》《马德里商标国际注册实施办法》等。地方政府在商标方面大多建立了保护制度或商标认定制度，相应地形成了著名商标的认定和保护办法，并出台对应的奖励办法。第五，国际条约。我国 1989 年加入的《商标国际注册马德里协定》和 1994 年签订的《商标法条约》。

（3）著作权法律法规现状。

第一，法律。我国著作权的法律为《中华人民共和国著作权法》。这部法律先后于 2001 年、2010 年和 2020 年进行了三次修正。第二，行政法规。《中华人民共和国著作权法实施条例》于 2002 年颁布并几经修正。除此之外，我国的行政法规还有《信息网络传播权保护条例》《计算机软件保护条例》《电影管理条例》《出版管理条例》等。第三，地方性法规。我国部分省份制定了相应的地方性法规。地方政府颁布的规章主要包括地方性的著作权管理办法或规定、地图管理办法和针对软件的保护规定。例如，山东省出台了《山东省著作权保护条例》。第四，行政规章。主要由版权部门颁布并实施，包括《作品自愿登记试行办法》（1994年）、《著作权质押合同登记办法》（1996 年）、《计算机软件著作权登记办法》（2002 年）、《著作权行政处罚实施办法》（2003 年）、《互联网著作权行政保护办法》（2005 年）等。第五，国际条约。中国先后加入了《世界著作权公约》《世界知识产权组织版权条约》等公约。

（4）知识产权其他法律法规现状。

第一，法律。相关法律规则的调整会涉及知识产权确认、保护和行使等民事权利。譬如，经济法、刑法、民法、行政法、民事诉讼法等都涉及有关知识产权内容。第二，行政法规。行政法规主要涉及特殊标志、集成电路、植物新品种、海关保护等。相应涉及的法规主要有《特殊标志管理条例》《中华人民共和国植物新品种保护条例》《集成电路布图设计保护条例》《中华人民共和国海关保护条例》等。第三，地方性法规。主要包括各地区制定的反不正当竞争条例。第四，行政规章。各部门行政规章内容庞杂，涵盖了集成电路布图设计、不正当竞争、植物新品种、商业秘密等多种对象。地方政府规章则具有鲜明的地方特色，如《苏州市阳澄湖大闸蟹地理标志产品保护办法》《北京市奥林匹克知识产权保护规定》等。第五，国际条约。我国参与的国际条约主要侧重于争端处理方式，包括《解决国家之间在知识产权领域内的争议的条约草案》和《世界知识产权组织仲裁中心仲裁规则》等。

综上所述，我国已经建立了比较完善的知识法律法规制度供给体系，但还有一些需要完善的地方。第一，我国现有的知识产权立法尚不完善。世界范围内的知识产权客体均有不断扩张的趋势，我国专利权、商标权和著作权已经形成比较完备的法律法规体系，但在其他知识产权客体领域还依赖于地方法规和部门规章。这主要是因为客体发展速度太快与法律的相对稳定性之间的矛盾造成的。第二，我国低位阶立法体系尚未建立起来。专利权规章制定部门包括国家知识产权局、国家医药管理局以及国家发展和改革委员会等。商标权规章制定部门有国家市场监督管理总局、国家烟草专卖局等单位。著作权规章制定机关则包括国家版权局、工业和信息化部、国家科学技术委员会等部门。在地方规范性文件中，制定机关涵盖的范围更为广泛。这些都为法律法规一致性和体系化带来一定程度的掣肘。

4.1.1.2　知识产权司法制度供给现状

目前，我国知识产权司法制度供给形成了各地"三审合一"和知识产权法院试点相结合的制度体系。自 20 世纪 80 年代商标法、专利法等实施以来，我国的知识产权案件基本上每年都在增加。据《二〇一九年中国知识产权保护状况》白皮书显示，全国知识产权民事诉讼案件从 1986 年的不足 700 件，增长至 2019 年的 39.9 万件。除此之外，知识产权诉讼案件呈现一定的地域特性：知识产权事业发展弱的地方，知识产权诉讼案件寥寥无几；反之，知识产权事业发展好的区域，诉讼案件很多。

4.1.1.3　知识产权行政制度供给现状

知识产权行政制度的供给首先是由知识产权公共服务主体来提供，主要是知识产权综合行政管理部门，包括国家知识产权局、国家市场监督管理总局、国家版权局等部门。知识产权行政管理职能也由上述这些部门承担。国家知识产权局提供的制度供给主要是宏观上的知识产权战略、知识产权法律法规草案拟定、知识产权协助机制及涉外政策、知识产权实施管理制度及发展规划等。国家市场监督管理总局和国家版权局等部门的制度供给与国家知识产权局类似，是涉及商标或著作权范畴的制度。

其次是与知识产权创造有关的职能管理部门提供的制度供给，包括国家科学技术部、国家发展和改革委员会、国家工业和信息化部、国家教育部、中国科学院等，以及一些采取分级管理体制的省以下各部（委）。他们均有不同的制度规定来促进本部门职能范围内的知识产权创造和运用。

最后是与知识产权公共服务有一定关联的国家职能部门提供的制度供给，包括海关、法院、公安等部门。他们有相关的法律法规对知识产权保护提供相应规范。

总体来看，我国知识产权行政制度供给主体复杂多样，从部门角度很难判断其制度供给的优劣，但立足于知识产权发展的大背景下，我国知识产权行政制度供给来自"条条"和"框框"的政策较多，导致知识产权行政制度供给从某个层面或某个角度给予了知识产权较好的发展提升，但是在统筹方面尚需提升，这也是我们本书从财政支出责任出发分析的重点。

4.1.2 区域（产业）层面

现阶段我国区域和行业知识产权发展现状在很大程度上不仅反映了知识产权公共服务投入的现状，还反映了各地区的产业资源禀赋投入情况。行业知识产权发展事权主要指知识产权产业化。政府对专利、商标和版权在区域产业及运用状况中多有投入。

第一，对专利产业化的公共服务。专利是产业化技术的源头，体现了区域创新能力，在一定程度上代表了区域科技成果化的潜力。因此，各地区专利发展的现状能从侧面反映知识产权公共服务的情况。我国各地区的专利申请量均逐年增加，但呈现出明显的地域分布不平衡性。大体而言，东部地区专利创造能力最强、中部次之、西部较弱，呈阶梯状发展。这种情况跟当地市场发育成熟度和包含公共服务投入情况的经济发展状况表现出很强的正相关关系。

第二，对促进商标运用的公共服务。国务院颁布的《国家知识产权战略纲要》中明确提出，到 2020 年把我国建设成为商标注册、运用、保护和管理水平达到国际先进水平的国家。自 2008 年以来，全国各省区纷纷开展商标战略，江苏、山东、安徽等地方政府纷纷出台了实施商标战略的规范性文件。各地区商标战略的实施，提高了知识产权公共服务的数量和质量，极大地促进了当地注册商标数量发展。

第三，对促进版权产业的公共服务。近年来，我国逐渐在新闻出版、动漫、软件、影视、文化创意等版权相关领域建立了一批产业基地和产业园区，包括各种级别的出版产业基地、软件产业园区、影视基地和动漫产业基地等。版权行业产业增加值持续提升。中国新闻出版研究院发布的数据显示，中国版权产业占 GDP 的比重从 2016 年的 7.33% 增长至 2019 年的 7.39%。在这四年间，中国版权产业行业增加值的年均增长率为 10.3%，比同期 GDP（9.9%）高 0.4 个百分点。

自 2008 年《国家知识产权战略》颁布以来，各地方政府纷纷制定本省内的知识产权战略，知识产权行业的公共服务供给大大增加，尤其在经济发达的省份，不仅在制度层面保障雄厚的存量经济资源潜能得到有效释放，而且在知识产权产业化方面提供了较多的公共物品，譬如知识产权产业化各种专项资金投入、知识产权高新区等基础设施投入等，大大地促进了知识产权产业化发展。尤其近年来一些省份知识产权强省战略的实施，促进地方政府加大知识产权产业化方面预算支出，进一步推动知识产权区域产业化的发展。

知识产权公共服务区域和产业层面也存在一些可以改进的地方。

首先，公共服务供给规模在区域上的差距可以进一步缩小。以国家知识产权局的知识产权事务支出为例，各省份每年的知识产权事务支出资金差别较大。例如，北京、陕西知识产权局 2015 年的预算分别为 16744 万元和 509 万元；到 2020 年，北京知识产权局和陕西知识产权局的预算分别为 31596 万元和 1936 万元，差别较大。① 国家知识产权局的知识产权公共事务中有"专利试点和产业化推进""专利执法"等事权项目，这些项目在每个环节均有受益的知识产权创造和转化主体，推动了他们创造和转化的动力。从逻辑上来说，国家知识产权局对知识产权事权履行投入的资金（公共服务供给规模）越多，事权履行的效果越好。我国专利、商标申请呈现出地域分布不平衡性。大体而言，东部地区专利创造能力最强、中部次之、西部较弱，呈阶梯状发展。

其次，公共服务供给结构均衡性可以提升。对于同样的事权，履行的程度和资金比例不一致。由于区域间经济差异，公共服务对于基础设施投入存在地域不平衡性。我国与知识产权创造相关的科技资源分布相对集中。在科技资源供给多的地区，知识产权在创造方面支出更多。经济发达的省份一般是科技资源的集聚地。这些地区集中了大量人才、科研条件和科研成果。根据中国科学院官网显示，截至目前，中国科学院共有110多家研究单位，其中仅北京就有40多家。此外，南京、上海、武汉、广州等城市也拥有较多的研究单位。根据科学技术部数据显示，北京、上海、江苏等省份汇集了绝大部分的国家级重点实验室，相比较而言，西藏、青海等6省没有国家级重点实验室。根据科学技术部火炬高技术产业开发中心数据显示，截至2018年，国家高新区总数达到169家，江苏（18个）、广东（14个）、山东（13个）等经济大省较多，西藏自治区则没有，海南、贵州、宁夏、青海等地区有1~2个。根据《全国国家大学科技园名录》，截至2020年，全国115个国家级大学科技园主要集中在北京、上海、江苏等省份，河南、安徽、福建等省区只有2~3个，宁夏、青海等省区则仅有1个。此外，教育部直属的76所高校主要集中在北京、上海、武汉、南京等地区。仅北京、上海两所城市的高校就有32所，占教育部直属高校的43%。公共服务结构的不平衡性，也是知识产权区域和产业不平衡的重要原因。

最后，政府在研发创造端和项目产业化支持端的政策手段尚需丰富，财政支出的重点在于监测和协助专利实施和产业化，对专利产业化项目的资助还需加强。从理论上来说，公共服务在成功实现专利转化的过程中需要跨越两个障碍，

---

① 数据来源：北京知识产权局、陕西知识产权局。

一个是"死亡之谷",另一个是"达尔文之海"。① 由于转化主体在成果转化过程中要面临很多风险,极其容易夭折,"生存"是其首要目标,因此才有"死亡之谷"和"达尔文之海"之说。"死亡之谷"旨在说明专利从发明到市场化过程中面临的巨大挑战,而公共服务就是要解决由于资金缺乏等原因导致的成果转化困难。"达尔文之海"则是说明成果的转化主体要实现大规模商业化,依然存在很多技术和创业方面的风险。因此公共服务在关注专利实施与产业化问题的同时,还要聚焦专利的商业性转化而不仅仅是普遍意义上的市场专利转化。

4.1.3 微观层面

知识产权公共服务的客体包括高校、科研机构、企业和相关的中介服务机构。在微观层面,知识产权公共服务可以分为两类:一类是针对高校、科研机构、企业的知识产权创造和转化的公共服务;另一类是扶持中介服务机构方面的公共服务。微观层面的知识产权公共服务与财政支出紧密相连。这是因为政府宏观和产业诸多政策的实施大部分以政府资金的形式作用于知识产权公共服务客体。我国从中央到地方对知识产权的创造、运用、保护、管理和服务环节有较大投入。

第一,在知识产权创造环节,政府公共服务主要体现在对专利和商标创造的投入上。在专利上,政府主要针对产业共性技术研发、应用技术研发等基础设施进行投入,在知识成果研发出来后,对知识成果的申报维护等费用给予补贴。这些财政支出既有中央部门投入,又有地方政府的投入。资金一般以专项的形式发放。在商标上,主要对"国家驰名商标""省著名商标"和"市著名商标"等不同等级的商标进行奖励。例如,对于评选为"国家驰名商标"的企业,除中央政府给予资金奖励外,部分地方政府也会给予不同程度的奖励。

第二,在知识产权运用环节,政府公共服务主要体现在知识产权转化的投入上。政府投入的重点在知识产权公共服务平台的建设、知识产权工业园区建设和

---

① Arundel A, Paal G V D, Soete L. Innovation strategies of Europe's largest industrial firms: Results of the PACE survey [R]. Maasticht: MERIT, 1995.

中介市场培育以及促进企业运用知识产权的各种扶持政策上。知识产权公共服务平台建设包括实体平台建设和网络平台建设两个方面。我国已建立了多家知识产权实体交易平台，多由地方政府投入资金，但实际意义上的国家知识产权交易平台还未建立；从中央到地方的网络平台建设，已经形成自上而下的网络体系，并按照属地原则，由各级政府负责投入和维护。知识产权工业园区建设主要由地方政府投入，中央给予补贴，旨在加速园区内知识密集型企业知识产权的创造和转化。在中介市场培育上，对于促进知识产权"获权—用权"的各类机构，由政府提供形式多样的扶持政策。在财政支出方面，那些由政府直接成立的创投引导基金和各类中介机构的补贴的支出责任在地方政府；那些针对企业知识产权质押融资提供的贷款担保、保费补贴等形式的扶持的支出责任在地方政府。

第三，在知识产权保护环节，我国知识产权保护实行司法和行政保护双轨制并行。司法保护公共服务由法院系统提供，实行垂直管理。行政保护公共服务由行政执法部门提供，实行分级管理。我国的行政执法部门按照知识产权客体不同，分别由不同部门提供（见表4-2）。

表4-2　中国的知识产权种类及其所属行政管理（执法）部门（部分）

序号	知识产权种类	行政管理（执法）部门名称
1	专利、集成电路布图设计	国家知识产权局专利局
2	商标	国家知识产权局商标局
3	版权	国家版权局
4	制止不正当竞争	价格监督检查和反不正当竞争局
5	原产地标记	海关总署
6	农业植物新品种	农业农村部
7	林业植物新品种	林业和草原局
8	国际贸易中的知识产权	商务部
9	与科技有关的知识产权	科技部
10	互联网域名	工业和信息化部
11	与进出境货物有关的知识产权	海关总署

资料来源：笔者根据相关资料自行整理。

第四，在知识产权管理和服务环节。公共服务主要体现在对知识产权确权和对企业、中介机构的各种服务平台建设上。前者体现的是管理内容，由中央政府负责提供；后者体现的是服务内容，包含知识产权"获权—用权—维权"全过程。知识产权公共服务跟其他环节服务的区别是服务内容贯穿知识产权发展整个环节。

知识产权公共服务的微观层面基本上都是由政府直接投入的。政府的资金贯穿知识产权创造、运用、保护、管理、服务五个环节的方方面面。知识产权公共服务的微观问题，最终通过知识产权客体表现出来。

4.2 事权履行主体与运行机制及支出责任划分概况

4.2.1 事权履行主体与运行机制

4.2.1.1 事权履行主体管理体制

知识产权公共服务政府事权履行主体主要包括知识产权综合协调部门和知识产权活动执行部门。我国现行知识产权管理体制实行的是"统一领导、分级管理"的形式。目前，国务院知识产权战略实施工作部际联席会议办公室是我国知识产权管理最高决策和管理机构，现有国家知识产权局等29个成员单位，在国务院的领导下，统筹协调国家知识产权战略实施工作。其中，国务院知识产权战略实施工作部际联席会议办公室29个成员单位包括中共中央宣传部、最高人民法院、最高人民检察院、外交部、国家发展和改革委员会、教育部、科学技术部、工业和信息化部、公安部、司法部、财政部、人力资源和社会保障部、生态环境部、农业农村部、商务部、文化和旅游部、国家卫生健康委员会、中国人民银行、国务院国有资产监督管理委员会、海关总署、国家市场监督管理总局、国家广播电视总局、国家统计局、中国科学院、国家国防科技工业局、国家林业和草原局、国家知识产权局、中央军事委员会装备发展部、中国国际贸易促进委员会。国家知识产权局是国务院指定的协调联席会议的机构，身兼多职，既是协调机构又是管理机构，既有决策制定权利又承担部分执行职能。

除了实行垂直管理的海关总署等职能部门外，上述职能部门构成了中央一级知识产权管理组织，地方政府、地方知识产权局（有的是科技厅）等构成地方一级知识产权管理组织，由此形成自上而下的多级管理网络并承担相应的支出责任。

4.2.1.2 事权履行运行机制

我国知识产权涉及知识产权创造、运用、保护、管理和服务五个环节。在知识产权创造和运用环节，政府通过政策扶持，激励知识产权创造主体面向市场，创造更多、质量更好的知识产权。同时，政府还通过政策引导，不断完善知识产权运营交易平台，引导企业走向国际市场，完成知识产权国际布局，加快知识产权成果转化和产业化。在知识产权保护环节，按照利益平衡原则，合理设置知识产权保护强度，打击知识产权侵权行为，防范专利海盗。在知识产权管理和服务环节，为企业知识产权确权和知识产权信息提供服务，大力培育知识产权中介服务市场，促进知识产权人才培养。

综上所述，知识产权公共服务支出责任在五个环节中可以通过两个维度进行运作，推动创新驱动发展：一是纵向维度，中央知识产权事权和地方知识产权事权有效互动，共同作用于创新链条，推动企业创新、产业发展、区域创新体系建设等；二是横向维度，中央搭建平台，推动跨区域知识产权合作，消除区域创新发展不平衡。

4.2.2 事权履行主体支出责任划分概况

知识产权公共服务支出责任划分之前有两个步骤：一是要明晰政府和市场之

间的活动范围，即政府和市场在知识产权发展领域边界的划分；二是在政府和市场活动边界划分的基础上，对知识产权发展领域的事权进行划分，有事权就有支出责任，事权的划分在财政领域就是支出责任划分。

对于知识产权公共服务事权而言，由于知识产权发展涉及的环节较多，跟国防、科技、教育、文化等方面事权均有交叉，因此难以对知识产权发展事权进行清晰和完整界定。但从制度角度，分别从法律、政府和部门三个层面出发，可以梳理出知识产权公共服务事权的基本轮廓。

4.2.2.1 知识产权公共服务事权与支出责任的法律规定

一般而言，法律通常作为事权与支出责任的制度保障。在我国，很多法律都直接或间接涉及知识产权事权与支出责任的划分。首先，从知识产权权利客体来说，直接相关的法律有《中华人民共和国专利法》《中华人民共和国商标法》《中华人民共和国著作权法》。这三部法律分别直接对应知识产权三大权利客体，规定了三大权利客体行政管理主体。其次，与知识产权公共服务有关联的法律主要包括《中华人民共和国促进科技成果转化法》《中华人民共和国科学技术进步法》《中华人民共和国农业法》《中华人民共和国反不正当竞争法》《中华人民共和国中小企业促进法》以及《中华人民共和国科学技术普及法》等。

在这些法律中，明确了若干知识产权公共服务事权，包括知识产权宏观统筹、创新体系建设、知识产权市场培育、知识产权普及等。

4.2.2.2 知识产权公共服务事权与支出责任的中央政府文件

知识产权公共服务事权与支出责任在国家知识产权规划和中央国务院及部委文件中多有论述。首先，与知识产权公共服务直接相关的中央层面的政策法规有《国家知识产权战略纲要》《深入实施国家知识产权战略行动计划（2014-2020年）》《国务院关于新形势下加快知识产权强国建设的若干意见》《国家知识产权战略实施推进计划》等。其次，涉及知识产权中央层面的政策法规有《国家中长期科学和技术发展规划纲要（2006-2020年）》《国家"十二五"科学和技术发展规划》《中共中央 国务院关于深化体制机制改革加快实施创新驱动发展战略的若干意见》《中共中央关于全面深化改革若干重大问题的决定》《国务院关于大力推进大众创业万众创新若干政策措施的意见》等，进一步明确了知识产权公共服务事权。除了知识产权发展的重点领域和方向外，文件还包含了知识产权保护、体系建设、体制改革、基础设施平台建设、政策制定和优化创新环境等。党的十八届三中全会强调了与知识产权相关的成果转化、科技资源管理及技术创新市场导向机制等事权。在《国务院关于改进和加强中央财政科研项目和资金管理的若干意见》中，细化了项目指南的制定和发布，突出了决策机制和统筹协调，强化了知识产权计划管理。

4.2.2.3 知识产权公共服务事权与支出责任在"三定方案"中的描述

"三定方案"是政府机构改革的主要内容之一，其核心是定机构、定编制、定职能。"三定方案"中对于知识产权公共服务相关部门职能的规定进一步细化了知识产权发展事权领域。知识产权综合协调部门（商务部、国家知识产权局、科学技术部、国家发展和改革委员会等）的事权包括规划制定、宏观协调、平台建设、重大专项管理等；知识产权活动执行部门（高校、科研院所、企业等）的事权包括知识产权项目执行及转化等；与知识产权相关的行业管理部门（工业和信息化部、农业和农村部、文化和旅游部等）的事权包括技术推广应用、行业科研规划、科技成果转化等；其他部门（财政部等）的事权包括知识产权活动资金管理与支持等。

4.3 我国知识产权公共服务中支出责任现状

事权划分是知识产权公共服务有效运转的重要前提，知识产权公共服务政府间关系畅通的核心在于中央和地方之间事权划分能够科学界定，避免缺位、越位和错位多方存在，积极促进公共服务供给效率提升。

知识产权公共服务的目标是促进知识产权创造、运用、保护、管理和服务五个环节的发展，因此，需要分别对知识产权五个环节范围的边界和政府间支出责任进行分析，同时考量财政支出的经济效应，来分析支出责任划分和履行的现状。

4.3.1 知识产权创造环节公共服务支出责任现状

4.3.1.1 知识产权创造环节

知识产权创造环节公共服务的客体是企业、高校和科研院所等。企业、高校和科研院所又是知识产权创造的主体，政府的支出范围就是在创造主体进行知识产权创造活动中的市场失灵环节，提供公共服务涉及的领域或范畴。

该环节主要的财政支出范围有三方面：①对知识产权创造主体进行的与知识产权相关的应用研究、重大专项等资金的投入，包括对研发基础设施、设备以及研发经费的投入。②对专利等知识产权创造成果确权、维持和奖励的投入，包括对专利等知识产权申请费用、审查费用、向国外申请费用、专利维持年费、代理费用等费用的补贴。③对知识产权试点工作单位、示范单位、发明专利奖励的支出。上述三个方面，第一个体现在知识产权成果创造前，政府给予的财政投入，后面两个体现在知识产权成果创造后，政府进行的财政投入。

4.3.1.2 知识产权创造环节财政支出责任特点

知识产权创造，也可称为知识产权生产。知识产权创造分为两个阶段：一个是知识成果生产前的阶段；另一个是知识成果产权化阶段。按照事权理论，财政在这两个阶段里都有支出责任。首先，在知识产权成果生产前阶段，知识在生产和成果化之前需要创新主体大量投入研发资金。研发本身是存在高风险的，其高风险来源于研发结果的不确定性，即研发结果很可能形不成具有潜在市场价值的成果而使创新主体的巨额投入成为沉没成本。因此，对于创新主体来说，这是"惊险的一跳"。由于存在高风险，市场在这阶段容易表现失灵，无法刺激创新主体进行知识生产，而知识的本质属性决定知识成果的生产可以给国家、社会和人民的福利带来提升，因此该阶段需要借助政府力量来扶持创新主体生产知识。因此，政府就有了相应的事权和支出责任。政府事权和支出责任与市场间的"横向划分"，就体现在政府要在知识产权生产上进行投入。其次，创新主体通过努力生产出具有潜在市场前景的知识成果，需要对知识产权成果进行产权化。知识产权成果产权化需要成本，该成本就是创新主体为了给产出的知识成果予以保护的代价。通常，这项成本的存在会导致创新主体创新热情减弱。因此需要政府加以引导。这是政府在知识成果产权化阶段拥有的事权。无论对知识产权创造的两个阶段履行何种支出责任，政府的最终目的是希望看到高质量、多数量的知识产权转化为生产力，推动经济发展和提高公民福利。

知识成果生产前阶段，财政公共服务支出责任体现在对创新主体的扶持上。我国知识产权创造主体有高校、科研院所、企业和社会团体。财政的支出责任表现为对创新主体资金的直接投入，以促进高校和企业等研发主体进行知识生产。在实践中，政府通过设立很多科技计划专项履行支出责任，如"863计划""973计划""星火计划""火炬计划"，并对各主体划拨资金。为了达到良好效果，近年来，我国知识产权经费支出方式不断变化和完善。课题投招标方式改变了传统单一的科技计划"课题制"，竞争性项目经费支出改变了传统单一的稳定经费支持，且竞争项目资金投入占的比重较大。履行事权的主体，在该阶段有直接支出责任的中央部门涉及国家发展和改革委员会、科学技术部、中国科学院、工业和信息化部、教育部等多个部门。各中央职能部门在国家政策指引下，对所属系统内的事权履行支出责任。地方上的支出责任，通常是职能同构，即地方政府发展改革部门、科技部门、工业和信息化部等针对中央的项目制度，都有相应的职能设置。

知识成果产权化阶段，财政公共服务支出责任体现在对创新主体知识产权申报、维持的支出上和产权化后对创新主体的奖励上。支出目的是推动成果产权化，最终为知识成果确权后商业化打下基础。这一阶段，按照公共物品的层次性原则，知识成果产权化外溢是区域性的，一般由地方政府承担支出责任。

现实中，政府公共服务中的支出责任和事权匹配有如下特点。在知识成果生产前，财政支出责任的重点在于"怎么发钱"，以各种科技计划为主导的资金划拨方式确定了创新主体获得资金的条件对成果知识产权化的考察不多。这种考察并非现实中针对知识产权成果本身等绩效评价，而是对知识产权商业价值的考察。

4.3.2 知识产权运用环节公共服务支出责任现状

4.3.2.1 知识产权运用环节财政支出范围现状

在知识产权运用环节，政府公共服务的客体既包括企业、科研院所、高校等知识产权产出主体，又包括参与知识产权转化的中介部门。财政支出范围既有针对知识产权公共服务微观客体中促进其知识产权转化的支出，又有对成果产业化并推进区域协调的财政支出。

按照知识产权运用环节现状，该环节主要的财政支出范围有两个方面：第一，针对高校、科研院所和企业知识产权转化的专项资金，包括知识产权质押融资贷款贴息、保费补贴、担保补贴、商业化的补助资金、风险投资基金、专项创业资金和购买中介服务等，来促进知识产权成果转化；第二，政府资金为促进知识产权产业化直接投入建立的高新技术创新服务中心、国家知识产权示范园区、试点园区以及生产力促进中心等的建设。

4.3.2.2 知识产权运用环节财政支出责任特点

知识产权运用本质就是实现知识成果市场化和产业化。如果研发本身是"惊险第一跳"，那么研发成果的市场化、产业化则是"惊险第二跳"。这个环节是知识产权权利人对知识产权成果商业化的过程，因此风险收益变得尤为重要。如果只有风险分担机制而没有收益分享机制，可能会导致一些专利"待字闺中"。同时，知识产权转化过程有知识产权权利转移的因素。知识产权权利人有可能是知识产权的创新者，包括高校、科研院所、企业和社会团体或个人，有可能是知识产权创造的投资者，也有可能是通过市场交易的获得者。政府在这阶段的事权就是创造一种良好的机制，提供一些有助风险共担的公共服务，来促进知识产权成果转化。除此之外，政府要把知识产权和产业政策结合起来，需要注意对高科技产业的发展引导和扶持，实现高科技产业发展。因此，政府的事权有四方面内容，一是提供良好的制度供给，充分把利益让渡给转化者，推动产学研结合，事权主体在中央政府。二是为转化者的知识产权商业化提供资金支持或融资，事权主体由中央和地方政府共担，按照公共服务层次性，地方政府承担主要责任。三是为解决信息不对称建立知识产权交易平台，促进知识产权交易。根据公共服务层次性，由中央和地方共担事权。四是对需要扶持的产业进行引导，由中央引导和地方共同扶持，也属共同事权。

现实中，对于该环节，政府的事权履行及支出责任特点主要体现在支出责任履行广度上。第一，激励机制顶层设计健全，但实施细则需进一步细化。我国知识产权转化的主体，除了企业和社会团体外，高校和科研机构也是主力军。然而，高校和科研院所，每年产生的一些专利等知识产权得不到有效转化的根源是知识产权成果转化有效激励机制安排尚未到位。《中华人民共和国促进科技成果转化法》是一部鼓励知识产权成果转化的法律。该法在 1996 年颁布，2015 年进行了修正，2016 年又出台了若干规定，但该法实施细则尚需进一步完善。

第二，对知识产权权利人转化的扶持政策体系初步形成，但手段还需进一步多元化。对于知识产权权利转化所需资金，财政支出责任方式主要有创投引导基金、贷款补贴、质押融资担保、知识产权保险等手段。

第三，对于战略性产业的支出责任通过项目形成规模，项目协同性尚需提高。我国对于产业性技术研发的支持，主要是针对项目来安排实施的，针对创新主体的稳定支持较少，这导致了产业共性技术研发局限于某个技术环节而非全面系统地展开。同时，对我国一些研究机构转制所提供的产业共性技术重视不够，导致多数转制院所为了生存，基本上放弃了风险较大的产业共性技术研发，而改为从事成熟技术的产品生产、服务和简单技术改进。

有统计数据表明，我们国家发展战略性产业多是知识产权密集型产业①。与发达国家相比，中国的战略性产业特别是制造业的优势不明显，仅在模块化架构

---

① 2010~2014 年我国国民经济各行业发明专利授权状况报告指出：24 个专利密集型工业的中类产业中有 91.7% 的产业与战略性新兴产业重合，超过一半的产业与高技术产业重合，即专利密集型产业与我国战略性新兴产业和高技术产业均具有较高的重合度。

产品和大型装备领域拥有微弱优势，而在产品架构一体化、制造工艺一体化领域以及前沿科技支撑的核心零部件领域缺乏优势。国外申请人的专利在某些领域处于明显控制地位，尤其是在基础原材料、高端芯片、工业软件、化学制剂等关键核心技术上，国外申请人的专利占据了主导地位。在一些战略性产业，知识产权发展协同性还需提高，间接上证实了财政支出责任还有一定的改进空间。

4.3.3 知识产权保护环节公共服务支出责任现状

我国知识产权保护采取的是司法保护和行政保护并行的双轨制。因此，政府在知识产权保护领域中的支出责任主要体现在对司法和行政的保障上。司法保护主要是法院等国家机构通过依照法律履行职责，对知识产权进行保护。行政保护主要是国家知识产权行政执法部门对知识产权进行保护。

4.3.3.1 司法公共服务提供已初具规模

近年来，全国法院知识产权案件数量快速增长。以 2020 年为例，全国地方人民法院受理知识产权民事一审案件 443326 件，审结 442722 件，同比分别上升 11.01%和 12.22%；受理知识产权行政一审案件 18464 件，审结 17942 件，同比分别上升 14.44%和 0.02%；受理侵犯知识产权罪一审案件 5544 件，审结 5520 件，同比分别上升 5.76%和 8.77%[①]。2014 年底，北京、上海和广州相继成立了知识产权法院。2019 年初，最高人民法院知识产权法庭的设立，更是在国家层面建立了知识产权案件上诉审理机制。目前，中级人民法院基本上都具有知识产权管辖权，部分基层人民法院在最高人民法院的授权下，也具有部分知识产权管辖权。此外，知识产权民事、刑事、行政案件统一集中审理的"三审合一"工作开始提速。2020 年 4 月，最高人民法院发布的《关于全面加强知识产权司法保护的意见》进一步明确强调要深入推行"三审合一"审判机制，建立和完善与知识产权民事、行政、刑事诉讼"三审合一"审判机制相适应的案件管辖制

---

① 国家知识产权局发布的《二〇二〇年中国知识产权保护状况》。

度和协调机制，提高知识产权司法保护整体效能。

知识产权的审判体系和审判能力不断推进，司法服务和保障水平不断提升，行政保护不断加强。具体表现在：①现有知识产权法院数量及布局不断优化，基本满足知识产权发展新局面要求。近年来，知识产权参与主体保护意识日益增强，诉讼主体逐年增加。司法管理体制在知识产权法院和"三审合一"制度上有了诸多突破，不断满足日益增长的案件诉求。知识产权跨区域管辖机制不断优化，2017年以来，南京等21个城市的中级人民法院内设专门审判机构，跨区域集中管辖部分知识产权一审案件，推动知识产权专业审判机构在全国范围内合理布局。① ②知识产权侵权案件结案率不断提升。之前，知识产权案件因为跨区域、隐蔽性等特点，造成知识产权诉讼结案时间过长。对于一些对时效性要求较高的知识产权，案件审结完毕后，即使胜诉其商业价值也在漫长的诉讼时间里被消耗。北京、上海、江苏、浙江和广东这五省2019年的收案结案率均达到90%以上，知识产权侵权案件诉讼时间大大缩短。② ③现有法律对民事侵权主体的经济判罚量刑逐步合理化，力图实现侵权损害赔偿与知识产权市场价值的协调性和相称性。赔偿数额如果太少不能挽回权利主体巨大损失，也难以起到对侵权人的震慑作用。2016年颁布的《中共中央 国务院关于完善产权保护制度依法保护产权的意见》中指出，提高知识产权侵权法定赔偿上限，探索建立对专利权、著作权等知识产权侵权惩罚性赔偿制度，对情节严重的恶意侵权行为实施惩罚性赔偿，并由侵权人承担权利人为制止侵权行为所支付的合理开支，提高知识产权侵权成本。法律界在现实操作中，也逐步追求侵权损害赔偿与知识产权市场价值的协调性和相称性。④知识产权技术调查资源共享制度已经初步建立。知识产权案件普遍具有技术性较强的特点，法律和技术复合人才在知识产权领域一直较短缺，不能完全覆盖全国。最高人民法院统筹全国资源，整合了全国技术咨询专家库，组建全国法院技术调查官。知识产权法院设置了技术调查官协助法官办理技术类案件，基层、中级人民法院可以向更高级别人民法院申请调派技术调查官。该项共享制度弥补了欠发达地区调查力量不足、发达地区技术领域覆盖不全的短

---

①② 《中国法院知识产权司法保护状况（2019年）》。

板。⑤知识产权案件激增，折射出我国公民知识产权意识尚需加强。对国民知识产权意识培养是教育的范畴，同样也是政府事权履行的范围。

4.3.3.2 行政保护支出责任布局完成但执行尚需深化

地方政府在知识产权保护的支出责任布局上不断发展和完善。知识产权行政执法机构执法力度逐年加大，知识产权行政保护的力度也逐渐加大。但随着市场经济的发展壮大，一些知识产权侵权行为仍游离在监管之外。主要是因为知识产权侵权行为方式变得更加隐蔽、手段更加多样、涉及的区域更广泛，造成知识产权执法难度加大，成本增加。

为解决上述执法空白，理论界多次提出构建知识产权跨区域行政执法机制，实践上，我国各地区知识产权行政机构间多有合作，如在 2009 年就有了《泛珠三角区域内地九省（区）专利行政执法协作协议》。近几年，更是形成了京津冀、长江经济带、粤港澳大湾区等若干个相邻、相交的跨区域行政执法协作圈，以一定程度的范围一体化来应对知识产权侵权问题。在行政保护上，我国已经初步建立起有效的横向政府间支出责任协调机制。跨区域知识产权协作一体化程度不断深化，政府间在建立跨区域立案协作、委托取证、联合执法、案件移送和结果互认上，不断加深合作和强化机制。以京津冀为例，在 2016 年，京津冀就启动了知识产权服务一体化改革，出台了《关于知识产权促进京津冀协同发展合作会商议定书》，不断完善知识产权一体化保护体系，推动京津冀知识产权发展联盟成立，有效地促进了全国知识产权行政保护的发展。跨区域行政执法机制不断成熟，成效越发明显，充分发挥有效打击知识产权侵权的作用。

4.3.3.3 知识产权司法和行政保护耦合程度不断提升

知识产权司法保护和行政保护知识产权责任耦合程度有所提升。以前存在不协调的地方有不同程度的化解。现实中，知识产权司法保护和行政保护冲突不断弱化。主要包括两方面：一是行政保护和司法保护衔接力度加大，主要表现在行政裁决和民事诉讼有所衔接、行政确权和司法审查有所衔接、行政执法与刑事司法衔接逐渐通畅。二是司法保护和行政保护标准逐渐趋同一致。立法存在的模糊和不统一问题逐渐有所改善，司法机关管辖重叠和行政执法导致法律适应不统一的问题有所解决，地域差异导致标准难统一等问题逐步完善（姜房蕊，2014）。

4.3.4　知识产权管理和服务环节公共服务支出责任现状

知识产权管理和服务环节综合体现了知识产权发展的环境因素。因此，知识产权管理和服务可以结合起来考量知识产权公共服务的支出责任。

4.3.4.1　知识产权管理和服务环节财政支出范围现状

知识产权管理支出责任履行涉及国家市场监管总局、国家知识产权局、国家版权局、农业农村部、林业和草原局、海关总署等部门。这些部门的支出范围也是相应地围绕知识产权客体来进行的。

知识产权服务支出责任涉及国家知识产权局、国家市场监管总局、国家版权局等。知识产权综合管理部门与知识产权服务支出相关的范围主要有：政府搭建的知识产权服务平台，主要包括专利申请、商标注册、版权登记等确权的服务机构；知识产权交易平台，地方建立的知识产权交易中心、知识产权交易所；纠纷调解机构、知识产权咨询服务；知识产权信息公共服务中心（平台），主要提供对知识产权参与主体的咨询、战略研究、专利统计、维权援助、产业预警、人才培养等服务。

4.3.4.2　知识产权管理和服务环节财政支出责任特点

从事权角度，知识产权管理就是管理人员利用经济、法律、技术等方式来组织、协调知识产权活动（宋伟，2010）。知识产权服务是政府围绕版权、商标、专利等知识产权领域对知识产权的认证、咨询、转化、孵化、融资等活动提供的服务。

我国目前在知识产权管理和服务环节的支出责任包含两方面：一是专利数量急剧增加给知识产权确权带来了较大压力；二是中央和地方促进知识产权成果转化的公共服务平台建设难度较大。

第一，知识产权数量急剧增加给知识产权确权工作带来较大压力。一直以来，专利确权事权高度集中在中央，由国家知识产权局负责，地方无专利确权事权。与美国、欧洲、日本、韩国等国家和地区相对稳定的申请量相比，我国急剧增加的专利申请量，给专利确权部门带来较大的压力。从专利数量来看，我国国内外专利受理和授权量不断攀升（见图4-1）。有效专利总量从2014年的419.5万件增长到2019年的972.2万件，年均增长23.38%。仅2019年，国家知识产权局受理的外观设计、实用新型和发明专利三种专利申请就达438万件，连续多年位居世界首位。①

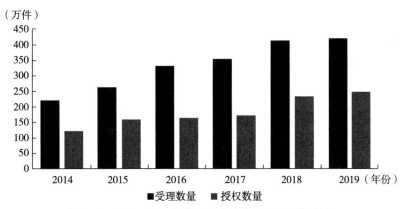

图4-1　2014~2019年我国国内外专利受理和授权量

资料来源：《国家知识产权局统计年报》（2014-2019）。

专利申请量的激增，给专利确权工作带来了较大压力，同时给专利发展带来两方面挑战：①提高专利审查周期。我国专利审查平均周期一度达到4年，为此国家知识产权局不断扩大队伍并增加专利审查方面的预算，尽力缩短专利平均审查周期。以发明专利审查周期为例，发明专利的审查周期从2001年的53个月稳步降至2019年的22.5个月左右。② 同国际上大致平均2年的审查周期相比，我国专利审查周期略占优势，但是与知识产权申请人的要求还有一定差距。因为专利审查周期较长会延缓专利商用化的时间，不利于知识产权效益的尽快实现，同

① 国家统计局发布的《中国统计年鉴（2020）》。
② 国家知识产权局. 目前! 发明专利审查周期保持在22.5个月左右［EB/OL］. https：//www. sohu. com/a/348565896_120054912，2019-10-21.

时容易使企业在国内专利战略布局上丧失先机。我国专利审查周期不断缩短，甚至赶超国际上一些国家。譬如，我国专利审查周期领先于美国，美国的审查周期为 23.8 个月[①]。②提升专利审查质量。专利审查环节具有提升专利审查质量的事权。我国通过的授权专利实施状况稳中向优。2019 年，我国专利实施率为55.4%，较 2018 年上升 2.8%；我国专利产业化率为 38.6%，较 2018 年上升2.3%。这表明专利的商业价值化比例逐渐提升，专利授权环节把关质量得到强化。

第二，知识产权公共信息服务平台建设统筹难度较大。中央和地方对于知识产权公共服务信息平台建设拥有事权，且划分为中央和地方两个层面。但是很多知识产权公共信息服务平台是以虚拟网络形态出现的。

知识产权公共信息平台是依托互联网搭建的，与实体交易所不同，互联网可以不受时空限制进行信息交换和传播。同时，信息传播具有开放性，具体体现在传播对象的平等性和传播范围的广泛性。因此，知识产权公共信息服务平台的外部性非常明显。考虑到公共物品的层次性，从我国现状考虑，建立国家层面的公共信息服务平台和省级公共信息服务平台基本可以满足不同层面及不同主体对知识产权服务的需求。

现实中，知识产权信息公共服务体系仍存在信息公开不充分、平台不集成、服务不均衡、技术不先进等问题，需要建立由政府部门主导，社会共同参与、协调联动的服务体系（李喜蕊，2014）。在国家知识产权战略持续推动下，2019年，国家知识产权局颁布的《关于新形势下加快建设知识产权信息公共服务体系的若干意见》中，明确了"建设以国家知识产权大数据中心和知识产权公共服务平台为支撑、区域或专业性信息公共服务节点为主干"的国家和地方在知识产权公共服务体系中的事权关系。在国家层面，建设国家知识产权大数据中心依托，成为国家和地方的知识产权平台的数据支撑；在地方层面，加大对区域知识产权信息资源开发等需求，建成区域特色的知识产权信息主干网，以服务地方为目的。在省级及县（市）级建立公共平台，对功能充分区分。对知识产权信息

---

① 国家知识产权局发布的《2020 年中国专利调查报告》。

公共服务体系重新定位，能够避免知识产权公共服务支出责任错位，避免分散资金的使用效率和公共服务供给局部过剩或不足。

4.3.5　各环节存在的共性特点

4.3.5.1　高技术知识产权人才需求日益增加

知识产权人才培养具有公益性、产出滞后性等特点，市场机制在人才培养中很难奏效，必须依靠政府主导。通常，知识产权人才需要具备理工科、法学、工商管理、经济等多个专业的知识，专业涉及面广，一般人很难达到。从现有的知识产权工作来分工，知识产权人才可以大体上分为从事与专利、商标代理相关业务的人才；做知识产权维权的人才；在企业从事内部知识产权管理的人才。有针对北京中关村自主创新示范园区的一项调研表明，有6%的企业知识产权由专门的部门管理，而超过60%的企业知识产权被归到财务或行政部门，侧面证实了企业知识产权管理人才高度匮乏（王瑜，2013）。

目前，政府在专利代理人方面设立了强制的职业资格认证，建立了完善的人才培训和考核鉴别机制；知识产权维权律师也大多从民事诉讼律师转化而来；企业知识产权管理人才一般是由有多年行业实务的经理人担当。这些人才形成机制离我国知识产权发展人才需求还有一定差距。《国家知识产权战略纲要》中明确提出要设立知识产权二级学科，但具体归属于哪一级学科及门类尚未明确。知识产权是一门典型的交叉学科，无论归于经济管理类还是法学、工科类都有其理由，又都有失偏颇。截至2020年，我国共有100所高校设立了知识产权专业，45所高校设立了知识产权学院，26所高校建立了国家知识产权培训基地，但离社会需要的人才数量和培养口径仍然有一定的差距。①

---

① 中细软知识产权．45家知识产权学院，93个知识产权本科专业，你想知道的全在这儿［EB/OL］．https：//www.sohu.com/a/396714168_120044144，2020-05-21.

4.3.5.2　横向部门间支出责任协调机制逐步趋强

我国知识产权事权履行主体较多，同时，随着经济全球化和国内经济飞速发展，知识产权保护范围不断扩大、权利内容不断深化。专利、商标等知识产权出现融合发展的趋势，造成了各知识产权行政管理部门出现事权重叠，职能交叉。以地理标志认定为例，国家知识产权局商标局按照《中华人民共和国商标法》对符合条件的地理标志授予"证明商标"或"集体商标"；海关总署按照《地理标志产品保护规定》批准实施地理标志产品保护；农业农村部颁布的《农产品地理标志管理办法》中明文指出"农业部负责全国农产品地理标志的登记工作……"由于各部门对申请主体、认定标志及程序、保护方式等存在差异，可能导致市场主体无所适从。

从目前来看，知识产权管理机构正处于改革阶段，横向部门间支出责任协调机制逐步增强。2018年，中共中央印发了《深化党和国家机构改革方案》，对知识产权局进行了重组。专利和商标的管理统一到市场监管总局，改变了过去专利和商标管理独立运行的历史。专利和商标管理纳入统一的管理构架下，各行其是又紧密配合。在知识产权执法方面，商标、专利、地理标志执法职责由新组建的市场监管综合执法部门承担，强化了知识产权保护。其他特殊知识产权的事权归于其他部门，事权界定更加明确。在知识产权部际联席会议制度下，针对交叉事权部分，各部门联合承担，强化了知识产权整体协调水平。

知识产权公共服务履行主体事权明确后，组织协调程度逐渐通畅。各部门的公共服务覆盖了所有的高新技术主体，对高新技术及其产业发展的助力不断提升，特别是对信息领域中软件、数据库、互联网的知识产权，和对遗传工程、基因工程、医学和农业生物技术等知识产权的保护和管理上，明确职责，消除死角，不断满足行业需求。此外，我国法律对传统中医药等行业保护不断加大，覆盖领域进一步扩大；对打击"专利海盗"、反不正当竞争的附加规定逐渐细化；对传统知识产权和生物多样化保护也已提上日程，保护速度加快。

知识产权公共服务履行主体强化协调后，必然能反映参与主体的真实需求。首先，责任履行主体对知识产权利益与公众利益间平衡的关注度提高；其次，强化关注知识产权与市场的关系，加强企业关于市场控制力的政策，尤其为建立以真实商业信息为核心的有序市场提升关注度；再次，知识产权国际化程度越来越高，应对国际化的机制和策略逐步加强和完善；最后，对知识产权发展急需解决的重大问题已逐步纳入有关规划。如统一的涉外知识产权协调机制等的建立和完善。

4.3.5.3 财政支出责任及辖区支出责任受到重视

在现行体制下，知识产权事权跟其他事权的构架不同，由于其特殊性和复杂性，乡镇一级基本没有知识产权事权。在事权与支出责任改革下，省市级逐渐避免向下或向上推卸事权，逐步建立财政辖区意识。知识产权支出责任一般立足于本辖区，关注本辖区的财政平衡，同时还要关注辖区财政状况，以防止出现只顾自身利益的情况。

为了与上级步调保持一致，地市级政府在知识产权发展各个环节均有支出责任。这些支出责任政策规定往往辐射整个辖区。例如，很多地市级政府在知识产权（专利）资助资金管理办法中明文规定，创造环节的知识产权（专利）资助资金对象为辖区内企业或个人。比如在江苏省下属几个地市中，《无锡市专利资助经费管理办法》中指出："凡本市的企事业单位、机关、团体或者户籍在本市的个人以本市市区地址向国家知识产权局申请的专利符合我市产业发展方向……，可以向市知识产权局申报资助。"《苏州市知识产权专项资金管理办法》指出："国内外专利申请和作品著作权登记费用资助、知识产权维权经费补助的申请主体，为苏州市区的公民、法人或其他组织。"《常州市专利战略专项资金管理办法（试行）》中也要求："各辖市区科技局、知识产权局、财政局根据省、市有关文件精神，安排各自的专利战略专项资金，用于鼓励和促进本地区专利创造和专利战略实施。"这种立足于本级支出责任，又规定县区相关配套资金的做法，在事权与支出责任改革下，强调了"上下一盘棋"，避免增加县区财政的支出负担的同时，促进了辖区内整体知识产权发展。

4.3.5.4　地方政府间支出责任履行程度的平衡性有待提升

中央通过制定宏观政策要求地方政府执行，促进地方知识产权公共服务。中央和地方承担的事权基本上是上下对口的，上面出台什么政策方针，下面就出台对应的政策方针。地方政府在履行知识产权公共服务事权时有较大的政策弹性，即可以根据本省实际情况制定相应的政策。由于地方政府要素禀赋不同，造就了各省对知识产权公共服务事权履行程度不一。主要表现为：①扶持政策的多寡不一。如北京、上海、江苏、浙江等省份，制定政策时基本上跟中央保持"上下一般粗"。从大的知识产权战略到比较具体的行业、产业扶持政策，只要是中央明确发文提倡和鼓励的，基本上都有相应的子政策与之对应。像河南、湖南、陕西、广西等省区，虽然也出台政策，但是还没有跟中央做到"上下一般粗"。各省的知识产权公共服务多寡，在一定程度上体现了地方履行事权范围的大小。②规划的强弱性不同。譬如，自 2008 年国家颁布了《国家知识产权战略纲要》以来，各省份纷纷出台了省级知识产权战略纲要，但到市级层面，有的省份的地市有知识产权战略纲要，有的市级没有。规划的强弱性不同反映了知识产权公共服务事权的履行程度。③对于同一事权履行的程度也不一样。以针对专利扶持的专利资助政策为例，各省份都对专利资助出台了管理规定或办法，但是每个省出台的规定或办法在资助范围、资助方式、资助金额等方面的大小和形式不一。有的省资助范围广、资助方式多、资助金额大；有的省资助范围窄、资助方式少、资助金额小。比如在北京、上海、江苏、浙江等地区，对于专利资助范围既有申请阶段的资助，又有专利申请确权后的维持费等资助；专利的资助方式中，既有现金补助，又有贴息贷款等；涉及的资金金额较大。而河南、湖南、陕西等省份，专利资助只涉及专利申请专项资金的补助，其他事项即使涉及，范围小，方式少，相应的资助资金也少。

通常而言，地方政府间的事权履行程度不平衡与区域间的经济发展水平相关。经济发展水平高的省份，更加有能力和动力提供知识产权公共服务，通过对知识产权公共服务投入，刺激创新驱动，反哺地方经济。经济发展水平低的省份，对知识产权事权履行程度受到限制。国家知识产权局知识产权发展研究中心发布的《2019 年中国知识产权发展状况评价报告》显示，我国知识产权区域发展不平衡性仍在持续，知识产权发展分成四个梯队：第一梯队以广东、上海、江苏、北京、浙江、山东为代表；第二梯队以安徽、四川、福建、湖北、辽宁、陕西、天津、湖南为代表；第三梯队以河南、重庆、河北、云南、吉林、黑龙江、江西、广西、贵州为代表；第四梯队以新疆、甘肃、内蒙古、山西、宁夏、青海、海南、西藏为代表。近年来，由于部分地方政府对知识产权发展的重视度逐年提高，在区域知识产权支出责任中，之前的不平衡性有了很大缓解。根据报告显示，部分中西部地区与东部地区之间的不平衡性在逐渐缩小。

4.3.5.5 支出责任划分不断增强对事权动态性的适应

自 2008 年我国颁布《国家知识产权战略纲要》，并把知识产权提到战略层面以来，知识产权已经成为各级政府最重要的事权之一。中央层面高度重视，每年颁布有关知识产权发展的若干战略性和指导性政策文件，包括《国家知识产权战略实施推进计划》、《深入实施国家知识产权战略行动计划（2014–2020 年）》（国办发〔2014〕64 号）、《国务院关于新形势下加快知识产权强国建设的若干意见》（国发〔2015〕71 号）、《中共中央　国务院关于深化体制机制改革加快实施创新驱动发展战略的若干意见》（中发〔2015〕8 号）等文件。特别是 2020 年，国务院和国家知识产权局着手计划出台《知识产权强国战略纲要（2021–2035 年）》和《"十四五"国家知识产权保护和运用规划》。

政府业务管理部门会根据中央的文件制定子文件，这些文件最终通过地方政府予以落实并承担支出责任。地方政府根据中央和上级政府业务管理部门的文件，一级级地制定各种政策。这些政策文件，在短期内形成大量不同分类的事权，地方政府迅速予以反应并出台配套措施。这些事权对支出责任划分容易造成重大改变，地方政府应加快应对，不断出台政策并履行中央和上级政府或部门的要求，加快适应在短期内综合协调本级及下级支出责任状况，尽最大可能避免事权与支出责任不匹配的情况。支出责任动态发展步伐加快要求政府在短期内加快调整、科学划分，与事权的适应性相匹配。

4.4　财政支出责任在知识产权公共服务中的
现状成因分析

政府通过财政手段履行支出责任，对知识产权公共服务的提供做出了突出贡献，但也存在一些问题。从表面上看，原因是多方面的，也是复杂的。从政府角度来看，所有的公共服务要素都是通过体制机制作用于知识产权发展各环节的，因此体制机制是造成知识产权公共服务现状的根本原因。

4.4.1　体制成因分析

4.4.1.1　职能分工的决策体制

按照事权理论，决策是事权划分和履行的关键要素之一，它和事权有机结合在一起，保证政令畅通，上行下达。正如前文所述，我国知识产权公共服务事权履行直接和间接的主体有 30 多个，其中直接事权的主体也有十多个，他们是事权决策者。多元化产生的结果就是事权履行"条块分割"，在尚无统一协调机制的情况下，提供公共物品形成合力时要避免存在公共服务重复、交叉供给或供给不足的情况。

我国知识产权事权决策体制分为科技体制和管理体制。在知识产权创造环节，公共服务投向的主要环节不在企业和市场领域，而是分布在高校及科研院所。由政府掌控的公共服务又处于中央职能部门及地方政府间所形成的"条条"与"块块"之下。从"条条"来看，研发机构分属各部委，或各部委认定、认可的机构，即使有企业建立一些政府背景的研发中心，也依然归属到各个"条条"和"块块"中。公共服务层次分为中央、省级、市级，使得知识产权公共创造领域的基础设施建设相互独立，应进一步加大形成合力，避免造成财政支出浪费。

这种状况同样在行政部门存在。对知识产权客体分类管理是不同行政主管部门形成的原因。造成现在局面的原因在于：一是中国过去处于知识产权发展初级阶段，所涉及的知识产权事权不多，按照职能划分有利于开展工作；二是由于立法的单行模式，不同的知识产权法规只能调整某些知识产权客体的关系，并相应地规定主管机关，具体分配到哪个主管机关一般按照任务平衡和职能划分的原则，如《中华人民共和国专利法》中规定"国务院专利行政部门负责管理全国的专利工作"，这个专利行政部门就是指国家知识产权局。现行"条块分割"的知识产权行政管理体制会造成管理职能同构，对知识产权公共服务系统性尚需进一步优化。

4.4.1.2 产业化、市场化评价体制

知识产权公共服务的目标是为了促进知识产权发展。知识产权发展的五个环节中，知识产权运用是根本。知识产权运用的终极体现就是知识产权的产业化和商业化。在知识产权领域，知识产权奖励制度及其评价是指挥棒，它直接决定科技人员的行为取向。目前，我国知识产权评价和奖励制度与企业需求尚未完全匹配。我国科技计划项目主要采用以专家评审为主的政府决策制，并逐渐引入对知识产权市场因素考虑。在此指挥棒下，研发人员主要通过资助项目来判断政府需求，以追求知识产权数量为目标，同时重视知识产权质量。

在条块分割体制下，各"条条"和"块块"都在强调产学研结合，知识产权成果转化率日益增高，表象是知识产权商业价值不高的知识产权逐步变得不那么受欢迎，各个高校和科研院所针对政府项目指南、经费渠道，以市场为导向来确立研究方向和研究项目。

4.4.1.3 科学监督体制

按照事权理论，监督也是事权运行要素之一。监督保障了对支出责任的行为和结果的考核，事权的科学履行离不开监督。当前，知识产权公共服务的政府支出评价体系不断完善，对知识产权投入经费使用全过程的有效监督及绩效管理不断深化，对公共服务投放效果科学公正的评价不断细化和科学化。尽管知识产权成果具有专业性强和成果产出多样性的特点，但并不妨碍引入第三方外部评估，

在主管部门内部进行监督的同时，加强外部监督或者委托代理式的监督，从而不断衡量和改善公共服务投入产生的绩效。

4.4.2 机制成因分析

4.4.2.1 知识产权成果转化激励机制

知识产权生产的最终目的是实现市场价值，在市场上完成商业化的同时，使权利人得到丰厚的回报。我国的知识产权成果转化率一直稳中有升。譬如，中国科学院深圳先进技术研究院公布其 2019 年的知识产权成果转化率为 24%，知识产权股权转让收益 4.66 亿元，取得了显著的成绩。[①]

知识产权成果转化激励机制不断推进。这种激励机制体现在两个方面：一是对权利人的激励。对权利人的激励主要集中在我国公立高校和科研院所里。我国在 2015 年 12 月颁布了修正的《中华人民共和国促进科技成果转化法》，对权利人的激励不断突破。一些涉及政策、审批时间长、降低了权利人的转化积极性等问题不断破解。二是对促进转化的中介机构激励。知识产权成果转化需要成熟的中介机构提供有效的支撑。在我国，知识产权中介机构蓬勃发展，政府也加大了政策引导，在对中介机构扶持上，政策效果逐步显现。

4.4.2.2 转化主体风险分担机制

风险分担机制是知识产权实现转化的重要制度安排，是实现"惊险第二跳"的重要保障。在我国，该环节存在一定的市场失灵，需要政府提供公共服务。政府开始在这方面加强重视，对企业等知识产权融资转化的支持力度逐渐加大。部分政府采用融资担保、贷款贴息、知识产权保险保费补贴等方式促进知识产权转化，在一定范围内取得了一定的效果。政府直接参与的创投基金不断进行市场化改革，风险分担能力逐渐提升。长期稳定的风险分担机制，在一定程度上刺激了

---

① 杨阳腾. 中科院深圳先进院晒出亮眼"成绩单"［EB/OL］. 中国经济网，http：//www.ce.cn/xwzx/gnsz/gdxw/202006/27/t20200627_ 35201063. shtml，2020-06-27.

创新主体的转化动力。

4.4.2.3 辖区内和区域间公共服务协调机制

知识产权公共服务的公共物品属性使得许多知识产权公共服务的共享机制逐渐确立，如果缺乏辖区内和区域间公共服务协调机制，将会导致公共服务资源浪费。

首先，公共服务的知识产权创造环节，投入了大量的基础设施、大型仪器设备等。一方面，我国财政经费购置的大型科研仪器设备大约2/3集中在高校和中科院，很多仪器为部门所有，不对外共享，造成部分程度的设备闲置。另一方面，有真实需求的中小企业，如果通过某种制度安排，拥有一定的使用权利，可以极大地提升资源配置效率。其次，地方政府提供的公共服务，在立足本级的情况下，可对辖区内基层政府公共服务供给予以一定的支持；区域间政府可以共享知识产权公共服务，通过建立横向协调机制，使资源得到最大化利用。

4.4.2.4 产学研建设机制

产学研是适应我国目前知识产权创造体系，推动知识产权转化的重要方式。我国探索了多种产学研结合的组织形式，这些组织形式已经开始有效支撑产业技术重大创新。产学研结合一般短期问题，行为短期化和形式化，通过完善产业技术创新的持续性和知识产权成果产业化保障机制来提供支持。我国政府支持的产业技术联盟，不仅是一个注重市场咨询、市场推广等内容的中介机构平台，更是逐步围绕技术开发方面展开运作。

5 基于支出责任视角的知识产权公共服务影响因素分析

5.1 知识产权公共服务影响因素

通常而言，影响公共物品的核心有以下三个因素：一是经济因素。经济实力强的地区公共服务供给能力也较强。综观世界发达国家，其公共服务供给能力得到了广泛认可。对于我国知识产权公共服务而言，同样跟地区经济发展水平息息相关。在我国现有财政体制下，经济实力越强，意味着财力越雄厚，公共服务的水平相对就越高。二是社会因素。主要包括地方供给主体、市场和社会参与程度、机制、供给公共物品能力。三是政治及法律因素。政府理念对公共服务供给有重要影响，以官员绩效考核来体现的政府理念，对公共服务供给有强烈的导向作用。法律法规完善能明确政府公共服务的供给目标和方向，有利于公共服务提供。政府事权划分的范围和合理性关系到公共服务供给的能力。

财政支出责任在知识产权领域对公共服务的影响是本书研究的重点。通过上一章分析，定性得出了一些影响知识产权公共服务的因素，那么在实证中是否是这样呢？如果产生偏差，背后的逻辑是什么呢？这是本章研究的目的。

5.2 指标选取与模型构建

政府是公共服务的主体，是由公共服务外部性等特征决定的。自然地，政府的财政支出责任对公共服务有重大影响。本章将尝试采用定量方法，分析财政支出责任对知识产权公共服务供给状况的影响。

分析中央和地方对各个地区知识产权公共服务供给责任如何，最终体现在知识产权发展情况的好坏状况上。从创新驱动角度，重点在于衡量知识产权创造质量、产业化程度、区域发展和知识产权国际化状况。然而，单方面衡量地方支出责任对公共服务供给状况是一件困难的事情。因为知识产权发展本来就是一个非常复杂、内涵丰富的系统，其复杂性既体现在事权履行主体的多样化上，也体现在知识产权发展涉及内容的多样化上。事权履行主体多样化，体现在涉及政府的各个部门和各个层级，涉及的内容多样化，体现在其发展创造、运用、保护、管理、服务五个环节，以及相对于各个环节的大量的事权内容。所以可以寻求一种间接的方式，即通过对财政支出中某些指标（投入）对地区知识产权发展（产出）状况进行分析，同时，加入跟支出责任相关的变量来判断知识产权发展的效果。

本章旨在探讨知识产权公共服务的财政支出责任对于知识产权发展促进的效应问题，拟建立知识产权发展状况指数和财政支出责任状况数据的省级面板数据模型，定量分析知识产权财政支出责任对公共服务供给的影响。

5.2.1 指标介绍

5.2.1.1 被解释变量

本模型选取知识产权发展指数作为反映知识产权公共服务的被解释变量，被解释变量可以代表知识产权公共服务状况。被解释变量数据来自 2015～2019 年的《中国知识产权指数报告》中的指数。该报告是来自法律界、知识产权界和经济界的优秀专家学者，通过量化知识产权各项指标，揭示知识产权与经济发展关联度的成果。该报告由于采用的数据准确权威、指标体系科学完整，受到社会各界广泛关注与好评。世界知识产权组织（WIPO）也将该报告成果作为中国知识产权重要文献，并在 WIPO 官方网站上予以公布。

作为被解释变量的知识产权发展指数共分为五类（见表5-1）：一是综合指数 Y，它不仅反映了各省知识产权的综合实力，还反映了知识产权产出水平、流动水平、综合绩效和创造潜力，是知识产权发展的综合体现；二是产出水平 Y_1，它反映了知识产权人均产出、产出质量、产出效率、企业产出、高校和研究机构研发产出这五个方面的情况；三是流动水平 Y_2，它反映了技术市场交易、知识产权服务、企业技改与引进这三个方面的情况；四是综合绩效 Y_3，它反映了宏观经济绩效、社会进步绩效、企业发展绩效这三个方面的情况；五是创造潜力 Y_4，它反映了创造投入、创造成果、创造环境、试点示范、企业创造潜力、知识产权保护这六个方面的情况。上述五个指数以较为客观的统计口径量化了知识产权各方面的发展状况，符合本书的要求。

表 5-1　知识产权发展指数及构成

指标名称	内容构成
综合指数 Y	产出水平、流动水平、综合绩效、创造潜力
产出水平 Y_1	人均产出、产出质量、产出效率、企业产出、高校和研究机构研发产出
流动水平 Y_2	技术市场交易、知识产权服务、企业技改与引进
综合绩效 Y_3	宏观经济绩效、社会进步绩效、企业发展绩效
创造潜力 Y_4	创造投入、创造成果、创造环境、试点示范、企业创造潜力、知识产权保护

本书中，Y_{1t} 为知识产权产出指数，Y_{2t} 为知识产权流动水平指数，Y_{3t} 为知识产权综合绩效指数，Y_{4t} 为知识产权创造潜力指数，Y_t 为知识产权综合指数。具体数据摘自每年的《中国知识产权指数报告》。

5.2.1.2　解释变量

研究财政支出责任对公共服务的影响等问题，政府的财政支出指标理应是主要指标。财政支出在支出责任履行下发挥对其作用对象的影响。现实中，从支出角度，政府对知识产权公共服务中的支出统计口径可以分为大、中、小三类：大类的统计口径是但凡涉及知识产权的政府的所有支出；中类的统计口径是知识产权综合管理部门，包括知识产权部门、工商部门、版权部门等部门的知识产权事务支出；小类的统计口径是知识产权部门的知识产权事务支出。

鉴于知识产权支出实际和数据可得性，选取小类统计口径数据，即知识产权部门的知识产权事务支出。知识产权部门既是知识产权核心客体（专利）的主管部门，又是在我国知识产权事务中起协调作用的部门，因此知识产权事务支出具有很强的代表性，体现政府对知识产权公共服务的投入情况。

拟选取各省（港澳台除外）知识产权局年度财务公开预算报告中的知识产权事务支出为解释变量 X_1，该项数据直接表明政府在知识产权公共服务中的支出状况。知识产权事务支出数据在各类统计年鉴中并未给予整理，但在省级知识产权局、科技厅的网站中，除了内蒙古、吉林、重庆、西藏、甘肃、宁夏和新疆的该项预算支出没有公开或者资料缺失严重外，其他 24 个省份均能在政府网站的信息公共栏目中找到相应数据。因此，剔除了 7 个数据缺失或不全的省份，选择其余 24 个省份作为样本观测省份同样具有代表性，并不影响对最终结果的分析。

5.2.1.3　控制变量

对于控制变量的选择，按照经济学理论，基本可以得出对知识产权公共服务有影响的因素包括经济发展水平 Z_1、知识产权保护指数 Z_2、科技创新市场环境 Z_3 以及中央和地方支出责任划分 Z_4。

（1）经济发展水平 Z_1。

取该省级行政单位人均 GDP 作为控制变量，为消除指标量纲不一致问题，对该数据序列取对数后进行估计。通常的研究会认同经济发展水平与知识产权公共服务提供有相关性，并且呈正相关关系。为便于理解，我们用人均 GDP 代表 Z_1，单位为万元。

Z_1 人均 GDP 是用各省 GDP 除以各省常住人口的数量，是表明各省经济发达程度和劳动生产率的重要指标，从知识产权指数的分布来看，知识产权发展状况与各省的经济发展程度基本是紧密联系的，当然有如海南这种以旅游业为主要产业的省份存在高人均 GDP、低知识产权指数的情况，但在大多数情况下，人均 GDP 的影响不容忽视。另外，不得不提的是在我国这种财政分权体制下，高人均 GDP 的省份，财政状况较为良好，政府具有较强的财力来保证知识产权的支出可以得到落实。

（2）知识产权保护指数 Z_2。

知识产权保护是不能被忽略的知识产权发展环境因素之一。现有研究表明，在现阶段，知识产权保护对我国知识产权发展具有正向效应，因此选择知识产权保护指数作为控制变量。

Z_2 数据源于国家知识产权局知识发展研究中心每年编制的《中国知识产权发展状况评价报告》，该项指数客观科学地体现了我国各地区知识产权保护情况。知识产权能够得到较好的保护是知识产权健康发展的重要保障和前提。知识产权是一种权益，是保证知识产权创造者可以从相关活动中得到额外收益，从而获取一种垄断经营权的权益，是可以鼓励市场参与者对创造知识活动加大投入从而获取更多超额剩余价值的正向激励机制。

（3）科技创新市场环境 Z_3。

科技创新市场环境是影响知识产权发展的重要因素。一般研究认为，科技创新市场环境与知识产权发展状况呈正相关关系。

Z_3 数据由各地区技术市场成交合同金额与研发（R&D）内部支出的比值来定义，表明科技投入的产出能力。这不仅跟市场活跃程度有关，也与市场参与者的技术专利的水平有关，最终决定于各省份知识产权转化能力。

（4）中央和地方支出责任划分 Z_4。

中央和地方支出责任划分是体现财政支出责任分权度的一个指标，是本书研究的重点之一。政府间知识产权责任划分情况将影响公共服务的供给，并最终体现在知识产权发展上。

Z_4 数据取自各省地方财政科学技术支出与 R&D 内部支出中政府资金的比值，用来表示知识产权支出中地方政府承担的比重。由于数据的可得性，暂且用这一数据来表示知识产权中央和地方间财政分权程度，但需要注意的是，无论出现何种结果，需要综合考虑各种因素，对这一变量计量结果做出审慎分析。

5.2.2 回归分析

5.2.2.1 回归模型的构建与形式设定

本章使用面板数据模型进行实证检验，检验政府知识产权事务支出（同时要考量控制变量）是否对公共服务的效果即知识产权发展有影响。本书中，组成截面的个体数据具有时间、指标、个体等多维信息的数据结构，解决了时间序列分析多重共线性问题，能产生更高的估计效率，并得出更多的信息。统计软件为 Eviews 6.0。

本书所检验的面板数据回归模型如下：

$$Y_{it} = c + \beta X_{it} + \gamma Z_{it} + \varepsilon_{it}$$

其中，Y 为被解释变量；X 为解释变量；Z 为控制变量；c 是常数项；ε 为随机误差项。本书拟采用混合面板模型进行检验。

5.2.2.2 数据描述

从各变量的描述性统计，结合各省观测值，可以从直观上得出一些结论。从知识产权指数来看，首先，排名前十的省份基本稳定且多为经济发达省份，由此可见知识产权发展与经济发展的高度关联性；其次，各地区知识产权发展状况的两极分化状况日趋严重，强者恒强、弱者越来越弱的情况值得重视；最后，区域知识产权发展呈现从东部地区到西部地区递减的趋势。数据各变量描述性统计如表5-2所示：

表5-2　变量描述性统计

变量指标	均值	中位数	最大值	最小值	标准差
综合指数 Y	0.3026	0.2601	0.6677	0.0818	0.1431
产出水平 Y_1	0.2501	0.1798	0.7611	0.0119	0.1649
流动水平 Y_2	0.2357	0.1842	0.6591	0.0260	0.1683
综合绩效 Y_3	0.4303	0.3861	0.7661	0.1910	0.1446
创造潜力 Y_4	0.2845	0.2641	0.6224	0.0589	0.1290

续表

变量指标	均值	中位数	最大值	最小值	标准差
知识产权事务支出 X	3.2457	3.2503	4.2359	2.3010	0.4192
人均 GDP Z_1	0.6578	0.6276	1.0470	0.2138	0.1859
知识产权保护指数 Z_2	0.7102	0.6928	0.9638	0.3948	0.1462
科技创新市场环境 Z_3	0.6116	0.3901	2.5917	0.0259	0.5823
中央和地方支出责任划分 Z_4	1.2922	0.7741	5.0528	0.2320	1.3080

5.3 实证检验结果与分析

5.3.1 知识产权综合指数分析

知识产权综合指数体现了知识产权发展总体状况，即知识产权的产出水平、流动水平、创造潜力和综合绩效四个方面的状况。知识产权综合指数的实证检验结果如表 5-3 所示：

表 5-3 知识产权综合指数的实证检验结果

变量指标	Y				
常数项 c	-0.4938 *** (-0.0721)	-0.4997 *** (-0.0463)	-0.4922 *** (-0.0429)	-0.5090 *** (-0.0435)	-0.5258 *** (-0.0457)
知识产权事务支出 X	0.2501 *** (0.0237)	0.1559 *** (0.0163)	0.1220 *** (0.0185)	0.1250 *** (0.0174)	0.1248 *** (0.0176)
人均 GDP Z_1		0.4674 *** (0.0359)	0.4021 *** (0.0370)	0.3678 *** (0.0421)	0.3688 *** (0.0457)
知识产权保护指数 Z_2			0.2155 *** (0.0578)	0.2667 *** (0.0633)	0.2599 *** (0.0599)
科技创新市场环境 Z_3				0.0224 ** (0.0157)	0.0157 (0.0136)

续表

变量指标	Y				
中央和地方支出 责任划分 Z_4					0.0089 * (0.0053)
R^2	0.5423	0.8108	0.8277	0.8286	0.8347

注：* 、** 、*** 分别表示10%、5%、1%的显著性水平，括号内为稳健标准误。

从表5-3中很容易得出结论，解释变量知识产权事务支出 X 与综合指数 Y 显著正相关，控制变量人均 GDP Z_1、控制变量知识产权保护指数 Z_2 与综合指数 Y 显著正相关。控制变量科技创新市场环境 Z_3、中央和地方支出责任划分 Z_4 分别在5%和10%的置信度内和综合指数 Y 存在显著正相关关系。通过本部分研究容易得出知识产权事务支出产生的公共服务与知识产权的发展呈正相关关系，更多的知识产权事务支出有助于提供知识产权公共服务。而人均 GDP Z_1 对知识产权发展促进作用是明显的，经济发达地区通常也更倾向于增加财政支出来发展知识产权。另外，地方政府的知识产权保护越充分，知识产权的发展态势越好。

5.3.2 知识产权产出水平指数分析

知识产权产出指数从数量、质量、市场各个主体贡献等不同方面全方位表现知识产权的产出水平，即人均产出、产出质量、产出效率、企业产出、高校和研究机构研发产出方面的状况。知识产权产出水平指数的实证检验结果如表5-4所示：

表5-4　知识产权产出水平指数的实证检验结果

变量指标	Y_1				
常数项 c	-0.6397 *** (-0.0867)	-0.6358 *** (-0.0658)	-0.6466 *** (-0.0667)	-0.7049 *** (-0.0598)	-0.7367 *** (-0.0594)
知识产权事务支出 X	0.2689 *** (0.0277)	0.1865 *** (0.0256)	0.1597 *** (0.0267)	0.1554 *** (0.0243)	0.1637 *** (0.0246)
人均 GDP Z_1		0.4759 *** (0.0521)	0.4378 *** (0.0563)	0.3109 *** (0.0568)	0.3061 *** (0.0565)
知识产权保护指数 Z_2			0.1278 (0.0841)	0.2991 *** (0.0831)	0.2891 *** (0.0829)

续表

变量指标	Y_1				
科技创新市场环境 Z_3				0.0771 *** (0.0157)	0.0589 *** (0.0166)
中央和地方支出责任划分 Z_4					0.0171 *** (0.0070)
R^2	0.4857	0.7068	0.7177	0.7681	0.7870

注：*、**、*** 分别表示 10%、5%、1% 的显著性水平，括号内为稳健标准误。

从该检验结果可以发现产出水平 Y_1 与知识产权事务支出 X、人均 GDP Z_1、知识产权保护指数 Z_2、科技创新市场环境 Z_3、中央和地方支出责任划分 Z_4 都存在正相关关系，而人均 GDP Z_1、知识产权保护指数 Z_2 的相关系数较高，知识产权事务支出 X 的相关系数次之，科技创新市场环境 Z_3 与中央和地方支出责任划分 Z_4 的相关指数与产出水平关联度不高。上述分析结果表明，财政支出的足额支持、完善的知识产权保护和更好的经济发展水平有利于知识产权产出。而科技创新环境的完善有利于知识产权的形成，中央和地方支出责任划分在知识产权产出中也发挥了作用，但两者在支撑知识产权产出方面较弱。

5.3.3 知识产权流动水平指数分析

知识产权流动水平指数衡量的是知识产权的流动情况与配套市场中介机构的情况，即技术市场交易、知识产权服务机构、企业技改与引进方面的状况。知识产权的流动交易和再创造与知识产权创造价值的过程紧密关联，侧重于说明知识产权交易与产业化。关于知识产权流动水平的实证检验结果如表 5-5 所示：

表 5-5　知识产权流动水平指数的实证检验结果

变量指标	Y_2				
常数项 c	-0.6837 *** (-0.0871)	-0.6825 *** (-0.0681)	-0.6608 *** (-0.0634)	-0.6887 *** (-0.0637)	-0.6939 *** (-0.0651)
知识产权事务支出 X	0.2857 *** (0.0273)	0.1888 *** (0.0241)	0.1293 *** (0.0260)	0.1267 *** (0.0259)	0.1271 *** (0.0261)

续表

变量指标	Y_2			
人均 GDP Z_1	0.4655 *** (0.0557)	0.3687 *** (0.0568)	0.3047 *** (0.0601)	0.3048 *** (0.0611)
知识产权保护指数 Z_2		0.3453 *** (0.0845)	0.4261 *** (0.0888)	0.4264 *** (0.0889)
科技创新市场环境 Z_3			0.0368 ** (0.0169)	0.0345 * (0.0171)
中央和地方支出责任划分 Z_4				0.0031 (0.0070)
R^2	0.4859	0.6924	0.7355	0.7467	0.7480

注：*、**、*** 分别表示 10%、5%、1% 的显著性水平，括号内为稳健标准误。

从该检验结果可以发现，在 1% 的置信区间内，流动水平 Y_2 与知识产权事务支出 X、人均 GDP Z_1、知识产权保护指数 Z_2 显著正相关，且与知识产权保护指数 Z_2 的相关程度最大。而科技创新市场环境 Z_3 与流动水平 Y_2 有一定的相关性。从变量含义来看，科技创新市场环境应该对流动水平的促进较大，在模型中并未明显体现出来。此外，中央和地方支出责任划分 Z_4 与流动水平 Y_2 相关性不显著。

5.3.4 知识产权综合绩效指数分析

知识产权综合绩效考察的是知识产权给当地经济和社会带来的影响，即宏观经济绩效、社会进步绩效、企业发展绩效方面的状况，侧重于说明知识产权的质量和区域应用性，其是不是高质量的生产资料，是不是大而不强。对知识产权综合绩效指数的实证检验结果见表 5-6。

表 5-6 知识产权综合绩效指数的实证检验结果

变量指标	Y_3				
常数项 c	−0.2259 *** (−0.0866)	−0.2267 *** (−0.0578)	−0.2272 *** (−0.0591)	−0.2077 *** (−0.0590)	−0.2096 *** (−0.0599)
知识产权事务支出 X	0.2039 *** (0.0264)	0.0988 *** (0.0188)	0.0887 *** (0.0237)	0.0895 *** (0.0236)	0.0898 *** (0.0239)

变量指标	Y_3			
人均 GDP Z_1	0.5286 *** (0.0454)	0.5153 *** (0.0499)	0.5488 *** (0.0555)	0.5489 *** (0.0562)
知识产权保护指数 Z_2		0.0477 (0.0751)	-0.0007 (-0.0817)	-0.0019 (-0.0819)
科技创新市场环境 Z_3			-0.0228 (-0.0146)	-0.0229 (-0.0161)
中央和地方支出责任划分 Z_4				0.0012 (0.0065)
R^2	0.3412	0.7035	0.7037	0.7098	0.7097

注：*、**、*** 分别表示 10%、5%、1% 的显著性水平，括号内为稳健标准误。

正如表 5-5 所示，数据显示，知识产权的综合绩效 Y_3 只与知识产权事务支出 X、人均 GDP Z_1 存在显著正相关关系。知识产权事务支出 X 的水平与其所提供的公共服务水平有正向联系，说明完善的知识产权公共服务有利于知识产权绩效提升。而知识产权综合绩效 Y_3 与人均 GDP Z_1 的高度正相关关系证明了经济发达地区的知识经济也发达，知识产权的实用性更强，知识成果转化为生产力的通道也更为通畅。此外，科技创新市场环境 Z_3 对知识产权综合绩效有负面影响，但不显著。

5.3.5　知识产权创造潜力指数分析

知识产权创造潜力指数衡量的是各个省份知识产权的发展后劲，即创造投入、创造成果、创造环境、试点示范、企业创造潜力、知识产权保护等方面的状况，侧重于说明知识产权提升和知识产权保护，其实证检验结果如表 5-7 所示：

表 5-7　知识产权创造潜力指数的实证检验结果

变量指标	Y_4				
常数项 c	-0.4178 *** (-0.0671)	-0.4169 *** (-0.0489)	-0.4012 *** (-0.0431)	-0.4022 *** (-0.0437)	-0.4216 *** (-0.0439)
知识产权事务支出 X	0.2177 *** (0.0213)	0.1397 *** (0.0170)	0.0789 *** (0.0177)	0.0788 *** (0.0178)	0.0840 *** (0.0177)

续表

变量指标	Y_4				
人均 GDP Z_1		0.3778 *** （0.0387）	0.2752 *** （0.0371）	0.2732 *** （0.0455）	0.2733 *** （0.0424）
知识产权保护指数 Z_2			0.3568 *** （0.0554）	0.3576 *** （0.0616）	0.3525 *** （0.0598）
科技创新市场环境 Z_3				0.0018 （0.0128）	−0.0089 （−0.0116）
中央和地方支出责任划分 Z_4					0.0102 ** （0.0049）
R^2	0.4858	0.7196	0.7932	0.7933	0.8128

注：* 、** 、*** 分别表示 10%、5%、1%的显著性水平，括号内为稳健标准误。

该检验结果表明在 1% 的置信区间内，知识产权创造潜力 Y_4 与知识产权事务支出 X、人均 GDP Z_1、知识产权保护指数 Z_2 均存在显著正相关关系，且与知识产权保护指数 Z_2 相关性更强。在 5% 的置信区间内，知识产权创造潜力 Y_4 与中央和地方支出责任划分 Z_4 存在弱正相关关系，表明中央和地方支出责任划分对知识产权创造潜力有正向影响作用。而科技创新市场环境 Z_3 对知识产权创造潜力 Y_4 有负面影响，但不显著。综上所述，知识产权保护指数 Z_2、人均 GDP Z_1 两者与知识产权创造潜力指数 Y_4 的关联系数明显高于其他指标。

5.4 结论与分析

综合上述分析可以明显得出财政支出、地方经济发展水平、知识产权保护强度对知识产权发展具有显著的正向影响。从公共服务供给角度来看，财政支出规模的大小、经济发展水平的高低和知识产权保护的强弱均影响着政府公共服务的事权项目。财政支出规模越大，则对公共服务供给量越多，供给质量越好，知识产权发展越好；经济发展水平越高，则地方政府越有财力提供公共服务，知识产权发展越好；知识产权保护强度越强，则企业等知识产权创造和转化主体激励作用越明显，知识产权发展越好。这些结论跟现实相吻合。

本书所研究的重点是财政支出责任，从知识产权公共服务中的财政支出责任划分来看，尽管所研究的数据（包括反映财政支出责任的数据）大多来自省级数据，并且通过这些数据建立了省级面板模型，但也能从中推断出在知识产权公共服务中，中央和地方支出责任对知识产权发展的有关影响。

第一，无论省级财政支出还是中央财政支出，对知识产权发展的推动是正向的。通过模型，可以直观得到省级知识产权事务支出对知识产权综合发展等五个发展指数具有较强的正向作用，即省级知识产权支出在知识产权综合发展、知识产权产出、知识产权流动水平、知识产权综合绩效、知识产权创造潜力方面均能发挥财政资金支持作用。由于本模型采取的是小口径，即省级知识产权部门支出，由此推理，包括中央资金在内的政府部门对中口径和大口径的知识产权财政支出，毫无疑问会增加知识产权公共服务供给，同样促进知识产权发展。

第二，本章是基于省级财政支出数据进行的实证检验，如果采用中央财政支出数据，考虑到中央财政支出的规模和结构，将会得到不同的检验结果。把中央和地方结合起来考虑，中央和地方知识产权事权与支出责任的划分结果必将影响检验结果，即影响知识产权发展。

第三，理论上，知识产权科技创新环境应该对知识产权发展有显著的促进作用，然而，令人惊讶的是，我们在模型建立和分析阶段并没有得到想要的结果。这并非是模型变量选择有问题，或许能从上一章支出责任履行中的体制机制中找到答案。譬如，区域知识产权交易的交易市场、交易程序、交易规则等事权及其划分或许存在一定的问题。

第四，体现一定财政分权度的中央和地方支出责任划分 Z_4 对知识产权发展的促进作用并不显著。尽管使用了各省地方财政科学技术支出与 R&D 内部支出中政府资金的比值来衡量 Z_4 这个变量存在一定缺陷，但背后的原因还需进一步分析。该变量反映的仅仅是知识产权创造环节中央和地方财政的分权程度，之所以在省级面板数据中显现出弱相关性，主要原因在于知识产权创造环节的支出责任大部分集中在中央，这个在前文已有论述。从这一点得到的启示是，要根据事权划分理论来进一步细化知识产权各环节的财政支出责任。

6 典型国家知识产权公共服务中支出责任概况及经验借鉴

在运用知识产权制度构建创新型国家方面，部分发达国家和发展中国家为中国实践提供了有益的借鉴。美国在知识产权发展方面是世界发达国家的代表，日本作为亚洲国家同样是世界知识产权发展强国的代表，韩国和印度既是发展中国家，又是中国邻国，他们在知识产权发展方面有着突出的成就。"他山之石，可以攻玉"，选择这几个国家作为例子，研究其在知识产权公共服务中事权及支出责任内容和划分，可以为中国知识产权公共服务改革提供有益借鉴。

6.1 美国知识产权公共服务中的财政支出责任概况

6.1.1 美国知识产权公共服务中政府事权界定的依据

美国是世界上最早战略性使用知识产权制度且通过促进知识财富增长而实现国家发展的发达国家。其政策实施是理解知识产权公共服务现象的参照。由于美国是一个法治国家，因此，美国知识产权政策制定与实施都以法律为依据并立足于知识产权法律的基础性经济制度地位，围绕法律制度的适应性变革，通过建立健康的、促进创新的国内法律环境和严密保护自身知识产权利益的国际制度和执法机制来实现国家目标。

美国的知识产权政策分为对内和对外两个部分，具有强烈的两面性。国内目标是促进科技进步，力图通过竞争提高经济效益和提高社会福利。国际上，美国自主建立强化保护知识产权的国际规则，并通过自身强大影响力，试图主导知识产权保护范围和强度的话语权，追求自身知识产权利益最大化。

美国知识产权政策的实施主要体现在四个方面：①出于国家利益和企业竞争的需要，不断修改和完善传统知识产权法律，加大保护力度，同时将新的知识产权客体不断纳入保护范围。例如，2018年美国颁布了《音乐现代化法案》，围绕音乐产业塑造了新型分配框架。②国家加强理顺知识产权权益关系，立法鼓励转化创新。美国不断调整法律促进知识产权成果转化。《拜杜法案》（1980年）、《联邦技术转移法》（1986年）、《技术转让商业化法》（1998年）、《美国发明家保护法令》（1999年）、《技术转移商业化法案》（2000年）、《专利改革法案》（2005年）等法律在申请专利、加速产学研结合及创办高新技术企业等方面，给予美国高校、国家实验室更大的主动权，简化了科技成果运行程序，加速知识产权成果转化。③美国在国际上通过"特别301条款"树立知识产权霸权并积极达成《与贸易有关的知识产权协议》（TRIPs）等条约，其核心是建立有利于本国的国际贸易规则。④知识产权政策以战略形式频频得到强化。从表6-1可以看出，近年来，美国不断出台有关知识产权的战略，以此来巩固和强化知识产权优势。

表6-1　2009~2018年美国出台的有关知识产权战略

颁布时间	名称
2009年	《美国创新战略》
2010年	《知识产权执法联合战略计划》
2011年	《美国发明方案》
2013年	《美国专利商标局2014-2018战略规划》
2015年	《美国国家创新战略》
2017年	《美国知识产权联合执法战略规划（2017-2019）》
2018年	《国家网络战略》

资料来源：笔者根据相关资料整理。

美国是高度发达的市场经济国家，政府是一种服务型政府，经济社会是"小政府、大社会"形式。作为整体的美国知识产权政策，并不是以政府为主导形成的，而是通过利益相关者对于国内、国际制度变革过程积极参与而实现的。诸如专利商标局和巡回上诉法院等政府机关都有相应的规划和战略，然而，这些规划和战略更多体现一种以客户为导向的且对法律实施进行适应性调整的政策工具。

总体而言，美国的知识产权公共服务更多体现在法律等制度方面的供给。在国内，为知识产权公共服务客体提供充分竞争的市场环境；在国外，通过主导国际法律法规制定等促进本国经济利益的实现。

6.1.2 美国知识产权公共服务事权范围及履行主体

美国是联邦制国家，实行的是分级财政体制，分为联邦、州和地方三个层级财政。美国的三级财政以三级政府间明确的事权划分为前提。美国是以宪法立国的国家，同时各种法律非常完备。在宪法主导下与宪政治理下，在形成了稳定联邦制度以后，各州政府和地方政府的法律纷纷成型和完善的同时，也形成了对宪法的补充和完善。各级政府事权必须以法律条文为依据。法律规定、保障和制约了各级政府的权力边界、活动范围和行为方式，包括政府间的财政事权划分。根据美国相关的法律，美国知识产权事权主要由联邦政府来履行。美国知识产权公共服务事权的范围主要在市场失灵方面提供的知识产权公共物品、知识产权保护和管理两个方面，其主要目的在于维护市场竞争秩序和促进知识产权成果转化，维持美国经济领先地位。

联邦政府履行并承担相应的知识产权公共服务支出责任。事权履行分为两大类：一是对于知识产权创造市场供给不足，需要政府履行的事权；二是维护市场秩序，追求知识产权战略履行的行政和司法事权。前者是由政府各部门履行，后者又可分为两部分来执行：一是行政职能执行；二是司法职能执行。行政职能由行政主管机关来履行，司法职能由相关的科技法律机构来履行（见表6-2）。

表6-2   美国知识产权行政和司法事权履行机构及事权内容

类比	机构		事权
行政主管机关	专利商标局	专利、商标审查登记部门	专利、商标计划控制及审查登记
		专利、商标文件部门	有关文件分类、技术评估及预警等
	商务部下设的国际贸易委员会		对外贸易中有关知识产权保护的决策与执行
	版权办公室		版权登记、公告和版权纠纷的行政处理
	其他政府机构各自拥有的专利管理部门		以各自机构的名义进行专利申请
科技法律机构	国会研究服务署、国会预算室、科技评估室等		研究科技政策、草拟科技立法、修正与知识产权有关的法案，以及收集最新的科技资讯
	美国联邦巡回上诉法院		审理专利确权、侵权案件

资料来源：笔者根据相关资料整理。

6.1.3   美国知识产权公共服务中的财政支出责任

美国知识产权公共服务中的财政支出责任主要体现在知识产权创造环节。该环节中，政府通过下属各职能部门为市场失灵下的公共物品提供资金支持。美国涉及知识产权产出的政府投入部门有：国防部、内政部、农业部、商务部、卫生和人类服务部、运输部、能源部等。

上述部门知识产权财政拨款投放的领域包括三类：第一类，对美国创新基本要素的投入。包括维持美国领先地位的基础性研究、促进人才培养、建设先进的基础设施、发展先进的信息技术生态系统等方面的投入。第二类，推动市场竞争，激励成果转化的投入。包括促进美国出口、支持开放资本市场、促进企业创新和高增长、促进公共部门和社会创新等方面的投入。第三类，对战略性新兴领域的投入。包括清洁能源、先进汽车技术、卫生保健技术等方面的投入。以上三类是美国联邦财政直接投入的领域，并由联邦财政预算拨款。财政支出方式主要有两种：一种是国立研究机构投入；另一种是对企业等市场化机构的直接投入。上述两种投入产生的知识产权成果由政府完备的知识产权法律促进其转化。美国政府间事权和支出责任主要在于联邦政府，这是由美国高度发达的市场经济体制决定的。

6.2 日本知识产权公共服务中的财政支出责任概况

6.2.1 日本知识产权公共服务中政府事权界定的依据

与美国不同，日本实施国家知识产权政策有其深刻的历史和现实背景。首先，20 世纪 80 年代以来，日本经济竞争力持续下降。其次，国外的假冒产品、盗版等给日本的知识产权利益带来较大的损失。再次，日本国内知识产权竞争环境恶劣，主要表现为同一行业多家企业参与竞争，产业集中度相对较低。最后，日本自身还有在经济全球化过程中增加竞争力和增长点且参与全球竞争的需要。因此，日本之所以实施知识产权战略，是由于宏观经济形势发生了变化，更多的则是基于其自身优势和劣势。

与美国明显不同，日本的国家知识产权政策突出强调了政府的作用，政府在知识产权战略制定与实施过程中发挥主导作用。日本始终坚持政府主导、全员参与的原则。国家战略领导小组确定、知识产权基本法的制定、战略大纲和推进计划出台、知识产权政策调整、相关法律的修改，无一不是政府主导、政府推进。近年来，为了应对数字时代发展，日本年年发布知识产权推进计划。

日本通过充分利用知识产权制度、发挥制度的积极作用，提升企业和国家的整体竞争力。日本从三个方面构建了自己的知识产权制度：①在管理方面，成立以政府为主导的知识产权战略管理体系；②在立法方面，制定并完善知识产权基本法；③在司法方面，成立了知识产权高等法院。这一系列举措形成了日本现有的知识产权制度体系。

日本的知识产权公共服务，依托于日本知识产权制度体系，以国家知识产权战略为基本依据。日本的国家知识产权战略主要是从知识产权创造、运用、保护和人才培养四个子战略方面实施推进的。知识产权创造战略的目的在于促进高校和企业的发明创造；知识产权运用战略的目的在于合理推进知识产权向产业转化，合理评价和应用知识产权，使其迅速转化为生产力；知识产权保护战略除了加快知识产权确权、案件审查，以及强化对国内的保护外，还强调了强化海外保护；知识产权人才培养战略的目的在于提高国民知识产权意识，加快知识产权的人才培养。因此，日本的知识产权公共服务事权，是为支撑上述四个子战略服务的，上述四个战略的内涵是知识产权公共服务的依据和边界。

6.2.2　日本知识产权公共服务事权范围及履行主体

按照日本的知识产权制度体系，日本知识产权公共服务事权涉及范围包括知识产权创造、运用、保护和人才培养四个方面。

知识产权创造方面，公共服务的重点在于促进大学和研究机构的知识产权创造。①政府在建章立制方面，一是加强知识产权创新管理体制及知识产权相关的综合体制建设，充实大学知识产权部门相关的活动经费，改善研究设施及研究设备；二是推动官、产、学、研合作，支持大学运营体制机制改革，促进大学创建风险企业。②政府在改善科研环境方面，重视奖励知识财产创造的研究开发，促进企业重视基础专利取得，在产品开发上，鼓励企业产品设计。

知识产权运用方面，公共服务的重点在于推进知识产权战略性利用、国际化标准制定和完善知识产权利用环境三个方面。①在知识产权战略利用方面，推进企业重视知识产权经营，奖励按照国家标准制定的经营战略的企业，提供知识产权战略评估指标，建立信托等制度，促进知识产权管理与流通，推动知识产权筹资制度多样化。②在国际化标准制定方面，加强企业国家标准化，强化产学官研加强合作，支持有助于技术标准形成的专利池。③在完善知识产权利用环境方面，研究修改相关法律，建立数据库和知识产权流通体制，利用知识产权振兴中小企业和风险投资企业。

知识产权保护方面，知识产权公共服务的重点在于审批制度改革、保护制度改革、司法制度改革和打击国外侵权四个方面。①在审批制度改革方面，制定加快专利审查法案、建立灵活审查制度、加强高新技术领域审查体制。②在保护制度改革方面，完善医疗等民生方面保护制度，扩大知识产权保护范围，强化知识产权侵权损失制度等来加强知识产权保护。③在司法制度改革方面，建立知识产权法院，培养知识产权法官。④在打击国外侵权方面，扶持企业在国外获得权利和行使权利，与企业、国际组织合作打击侵权。

知识产权人才培养方面，知识产权公共服务的重点在于培养人才和增强国民意识。①在培养人才方面，通过高校等媒介，提高知识产权人才素质，增加知识产权人才数量。②在提高国民意识方面，加强知识产权普及和启蒙活动。

通过上面的梳理，可充分表明知识产权公共服务政府的主导地位。日本政府对知识产权发展提供全面的公共服务，事无巨细，涉及管理、立法和司法的方方面面，充分表明了日本在知识产权战略管理上的精细化程度。

日本政府是由中央、都道府县和市町村组成的三级政府，作为地方政府的都道府县和市町村被统称为"地方公共团体"。日本政府间事权划分主要体现在《地方自治法》（1948年）中。按照该法第2条第10款规定，中央政府承担的主要事务有：司法、外交、国防、运输、邮政、通信、国立教育、图书馆、医院、航空气象、水路设施以及需要站在国家角度统一处理和规划的事务、需要高技术和政府资金投入支持的事业。除外交、国防等需中央政府承担的事权外，其他与居民生活密切相关的教育、福利、卫生等事权都是中央政府和地方政府共同承担的。地方事权划分的原则是行政责任明确化原则、地方公共团体优先原则和效率原则（魏加宁、李桂林，2008）。地方公共团体的主要事权在于增进当地居民福利、综合并自主地开展区域内行政事务。

综上所述，通过梳理日本知识产权公共服务事权履行的范围和日本事权划分法律，可发现其知识产权履行主体类似我国知识产权管理体制。在中央层面，日本履行知识产权公共服务事权的是组成中央政府的总理府（相当于我国国务院）及各省厅（相当于国务院下属各部委）。在地方层面，由地方政府履行地方事权。中央和地方共同履行双方的事权。

6.2.3 日本知识产权公共服务中的财政支出责任

按照事权划分，日本的知识产权公共服务支出责任大部分在中央政府。为了推动知识产权发展，日本政府出台了多样化的扶持政策和财政支出机制。

第一，形成了围绕日本知识产权创造的日本国立研究机构、企业研究机构和大学研究机构三大主体的财政支持体系。政府依法向该三大机构提供必要的土地、设施和设备，出台了重大课题研究制度、重要技术研究补助、实验研究费税扣除、技术开发补助金、中小企业技术基础强化税等制度，从而加大对研发机构的支持力度。对创新性研究机构开放的项目提供贷款，对尖端技术研发的民营企业提供有条件的无息贷款。日本国立大学以法人身份从事技术转移和孵化，出资支持日本大学科研成果应用。

第二，形成了完善的知识产权投入机制。知识产权发展的五个环节中，财政投入多有涉及，采取了多种方式。政府向法人研究机构提供运营费或竞争性研究资金。运营费保证机构正常运转所需要的人员开支和业务开支；竞争性研究资金包括对研发项目的补助、专利相关费用和研究人员的薪酬。政府同时向企业提供长期利率贷款和众多税收优惠政策鼓励企业创新，包括《租税特别措施法》、对实验研究费税的扣除制度和对科研活动的赠款、捐款的免税制度。日本经济综合管理机构经济产业省还要求对高新技术的研发和产业各个环节实行全民税收减免优惠政策。日本政府设立的"风险开发银行"等风险财团针对计算机、通信技术等战略产业的企业进行股权投资、债券投资、长期资本贷款等。为了促使大学等科研机构成果转化，专门设立了产业基础整顿基金，为实施转化提供资金支持和担保。除此之外，中央政府和地方政府都高度重视发明成果奖励。中央的奖励制度由科技厅负责，基本每年开展一次；在日本47个都道府县地方政府都设立了成果奖励或科研资助制度。

6.3 韩国知识产权公共服务中的财政支出责任概况

6.3.1 韩国知识产权公共服务中政府事权界定的依据

韩国经济崛起、文化繁荣和科技进步得益于韩国良好的知识产权制度。20世纪七八十年代，韩美之间的国际贸易大量争端引发了韩国企业的危机，国际资本和技术引进对韩国知识产权制度提出了更高的要求。自此，韩国开始按照国际标准要求建立知识产权制度，相继加入了国际知识产权组织并签订了若干有关知识产权国际条约，同时根据国内知识产权发展状况和国内创新驱动要求，韩国不断颁布和修订有关知识产权的国内立法。自 1994 年各国加入《与贸易有关的知识产权协定》（TRIPs）后，韩国知识产权战略的核心转向争夺世界知识产权话语权的全球化战略。2008 年后，韩国颁布了《知识产权强国实现战略》，并积极推进《知识产权基本法》的制定工作，加快知识产权强国步伐。根据形势变化，近年来，韩国先后出台《第一次知识产权基本计划（2012-2016）》《第二次知识产权基本计划（2017-2021）》。

韩国知识产权政策的重点在于国内外两个方面：在国内，强化知识产权创造力和竞争力，将知识产权制度发展为创新驱动的系统化社会基础结构，重点促进新技术的创造、产权化和商业化；在国外，积极参与全球新型知识产权制度建立，主动应对高新技术快速发展和经济全球化新问题，为韩国企业参与国际知识产权竞争与合作创造良好的制度环境。

为实现上述战略，韩国从以下几个方面构建了知识产权发展体系：第一，为适应以 TRIPs 协议为主导的国际知识产权保护标准，韩国不断修改原有的法律法规以适应国际知识产权强保护的需要。第二，强化知识产权保护水平和执法水平。通过修改有关保护法律，加大法律威慑。韩国知识产权局联合地方政府、检察院和警方成立联席会议，进行全国范围内的执法活动。第三，推进知识产权行政管理自动化和网络化，提高知识产权审查效率。第四，促进知识产权的应用和商业化。第五，加强全社会的知识产权意识教育，构建知识产权社会基础。第六，加强知识产权国际合作和参与国际知识产权制度规则制定。上述知识产权战略领域是知识产权公共服务的依据。

6.3.2 韩国知识产权公共服务事权范围及履行主体

在国家发展的不同阶段，知识产权公共服务的侧重点也不同。韩国政府能够结合本国知识产权发展的实际需要，灵活地调整知识产权公共服务的侧重点。当前，韩国知识产权公共服务的重点领域，除了制度、政策及一般领域供给外，还包括以下几个方面的强化：

第一，特别强调知识产权局的行政效率提升对创新的影响。国家知识产权局大力推行电子政务，普遍实行电子化办公系统。政府投入巨额资金建设知识产权公共服务平台，通过课题制，提高知识产权确权周期。此外，韩国知识产权局还和全国30多家机构签订了合作协议。

第二，大力扶持主导产业，推进科技创新工程。为发展本国的高新技术企业，政府主导了大量高新科技研究项目，包括高新材料、新能源等基础高新技术和人工智能电脑、超高集成半导体等应用高新技术。

第三，建立企业知识产权服务平台，帮助中小企业融资。韩国知识产权局建立"专利技术价值评估与担保项目"，使合格企业无须规定资产担保即能获得贷款。此外，韩国知识产权局为企业提供了法律援助，对于符合规定诉讼案件提供诉讼资助。

第四，派遣知识产权管理顾问，推动高校知识产权成果转化。知识产权顾问协助高校修订促进知识产权成果转化的规则制度，同时，加强与中介机构联系，推动和巩固产学研结合。

第五，加强人才培养，宣传知识产权意识。韩国政府注重从基础教育开始培养社会知识产权意识，同时，注重知识产权领域人力资源开发，系统培养科技人才。

韩国知识产权事权履行主体，从职能部门角度，除韩国知识产权局作为行政管理机构外，涉及知识产权事权的履行部门还主要有教育科技部、知识经济部和企划财政部三个部门。教育科技部负责科技政策的协调职能，知识经济部负责包括知识产权在内的管理工作，企划财政部负责科技研发与预算职能。

从政府间事权角度，韩国实行的是单一制高度集权国家政治体制，行政层级也是三级。地方政府分为特别市、直辖市和道一级的高层次地方政府和市、郡、区的基层地方政府。中央和地方间事权划分关系在《地方自治法》中有比较详细的规定，该法第 1 条规定国家和地方的关系是"谋求地方行政的效率性和民主性"。韩国中央和地方事权划分采取的原则有：不能出现重复处理现象的原则；所有的公共事务由地方政府优先处理的原则；在地方处理不了或不适合地方政府处理的事务，采取由次上级政府补充的原则。特别值得一提的是，韩国政府间事权划分是从基层政府到中央政府，自下而上划分的逻辑，同时通过立法确定了地方各级政府事务分配的标准，但根据法律，"总统令规定地方自治团体的担当任务"（《地方自治法》第 10 条第 2 项）规定了中央政府对地方政府权力控制。知识产权公共服务事权属于高技术且大多超出地方技术能力和财政能力，因此韩国知识产权公共服务事权责任主体在中央政府。

6.3.3 韩国知识产权公共服务中的财政支出责任

韩国政府知识产权公共服务支出责任是贯穿知识产权事权领域，围绕国家知识产权战略来履行的。

在知识产权创造领域，除政府主导市场失灵领域内公共物品供给，担负起知识产权创造的支出责任外，强调企业是知识产权创造主体。韩国政府通过加大预算来加大对民间研发的支持力度，出台了若干促进企业研发的税收优惠政策。韩国教育科技部废除或放宽研究管理规定，包括免除向大学征收 20% 的技术费收入，把部分原来用于官办研究机构的研发准备金改为支持非营利民营机构。此外，韩国政府还通过减免专利申请费、审查费等来促进发明和新技术开发。例如，对于申请国外《专利合作条约》（PCT），政府补贴申请费。被认为优秀发明的专利，政府补贴国内申请费用同时还提供低息贷款。

在知识产权运用领域，韩国确立了重要支柱产业技术、新产业创造核心技术开发、知识产权基础服务产业开发、确保国家主导的技术、特定领域研发、推进全球化研发、基础和融合技术研发七项技术领域的数十项重点项目，连年持续加大这些领域的预算，推动其产业化发展。同时，以加大基础科研设施为核心，构建科研产业带和研发特区等集群，促进人才聚集以及科学和产业融合。对优秀专利技术产业化提供包括融资、参股、补贴、投资四种资金补贴方式，用来针对产业化资金援助、支援国外申请专利费用及方便企业进行专利技术交易。

在知识产权管理和服务领域，强化知识产权行政服务效率，修改了知识服务业部分研发计费标准，把人员费计入国家研发事业费，建立了国家科技综合系统平台，提高科学研究效率。韩国专利信息院、专利厅网站免费为中小企业提供网上专利信息服务，确保中小企业正确的研究方向。对于被认定为风险投资的企业（要求专利产品销售额超过 50% 或出口额超过 25%）给予政策上的优惠。个人及中小企业专利技术评价手续费 80% 由政府援助。

按照韩国的《地方自治法》和政府的知识产权支出责任内容，韩国的知识产权政府责任在中央层面居多，地方层面偏少。中央的财政支出责任贯彻知识产权发展各环节，而地方政府在面临知识产权事权的时候，本级财政部门除对于部分知识产权事权有能力履行外，大多数是对于知识产权外部性很强的事权需要中央层面予以解决。

6.4 印度知识产权公共服务中的财政支出责任概况

6.4.1 印度知识产权公共服务中政府事权界定的依据

印度是典型的发展中国家，其知识产权制度移植于英国。在 20 世纪 90 年代以前，印度对知识产权制度持消极态度，曾多次被美国列为"特别301条款"重点观察国家。20世纪90年代中后期，世界贸易组织成立后，知识产权国际保护核心从世界知识产权组织转向世界贸易组织，发展中国家的政治优势被削弱。因为不断面临涉外知识产权纠纷，印度才逐渐意识到知识产权制度的重要性。2002年印度国家计划委员会（2015年已被莫迪政府解散）发布的《印度2020年展望》中阐述了印度知识产权战略思想，核心内容就是利用经济全球化和发达国家人力资源短缺机遇，使印度未来发展从资本驱动型转向知识产权驱动型，发展成面向全球的服务型经济。① 目前，印度已经建立了比较完善的知识产权法律体系。这些法律包括《专利法》《商标法》《著作权法》《地理标识法》《设计法》等。根据形势发展，印度政府不断对法律进行调整。以《专利法》为例，印度政府先后于1999年、2002年和2005年进行了修订。印度政府在采取措施完善知识产权并逐步减少知识产权纠纷的同时，非常注重自身利益的维护，其在与发达国家谈判中的强硬立场往往使其成为发展中国家知识产权利益的代表。

印度知识产权战略通过"全球知识中心计划"和"全球专利防御计划"进行系统推进。一方面，自《印度2020年展望》报告发布以来，印度政府制订了大批促进知识经济和知识产权发展的"全球知识中心计划"。"全球知识中心计划"的核心部门是印度科学与工业研究理事会（CSIR）。CSIR主要职能在于全球专利监视、专利采购、抵制性授权、专利防御性公开、与国外竞争核心专利的控制权。此外，印度还成立了国家知识委员会（NKC），该委员会是政府的知识产权智囊机构，下设国家知识网络（NKN），链接了国内10000多家知识创造者的高速互联网络和印度知识资本书库的高速互联网络。前者是为了促进知识产权创造，后者是为全民提供了全球范围知识快速获取的接口。

另一方面，印度开展全球专利防御计划。CSIR下属的国家科学技术和发展研究所不仅专门负责知识产权保护工作，还负责基因剪接、克隆工程、网络信息、传统知识等关键领域内的政策研究；及时分析国外产业发展潜在威胁，并采取有利于本国产业发展的对策；以知识产权保护和产业发展为核心进行知识产权

---

① 夏业良. 辛格的自信与印度模式的底气［EB/OL］. http：//www. eeo. com. cn/zt/50forum/ruiping/2009/06/05/139310. shtml.

数据库建设、推广知识产权宣传。特别值得一提的是印度高度重视传统知识产权和资源。CSIR 研究所兴建印度传统知识数据库，整理和搜集了本国各种记载或公开使用的技术，仅天然药物处方就达 20 多万个，并开发出强大的搜索引擎，翻译成多国文字，主动向欧美等知识产权强国提供检索服务，以阻止危害印度传统的知识的专利获得授权。此外，CSIR 研究所组建专业技术团队和法律团队，专门监视全球范围潜在抄袭和侵犯印度专利申请，并督促别国审查机构予以驳回。对涉及本国传统知识产权领域内的知识产权，如草药活性成分和瑜伽技术等，由政府拨款进行全球专利申报。政府主导了国内外针对国外企业的法律诉讼。

作为发展中国家，印度政府主导了本国的知识产权发展。印度政府在开展围绕知识产权战略实施过程中，明确了政府提供知识产权公共服务的边界。

6.4.2 印度知识产权公共服务事权范围及履行主体

围绕印度知识产权战略，印度知识产权公共服务事权范围主要从以下几个方面展开：

第一，高度重视研发，推动企业提高创新水平。印度政府提供知识产权申请信息的基础设施，这些基础设施可以分别建立在大学、研究机构和商会里面，对信息使用者收费统一且合理。政府除对企业减税促进研发费用投入外，还直接参与知识产权交易，买进先进专利供国内企业使用，这也是印度政府事权一大特色。其主要目的是促进国内整体实力不强的企业发展先进技术。

第二，鼓励创新，促进知识产权成果转化。印度政府除自身加强应用型项目研发外，还加大对知识产权密集型行业和企业的投资。创立世界级的研发中心，建立信息技术、生物技术和药品等工业园区。建立投资自由化和税收优惠政策、利用人力资源等环境优势来鼓励跨国公司投资。此外，政府还加强与科研机构、大学、商业公司等合作，建立科技企业家园等来解决技术开发与应用脱节的问题。

第三，发展传统和优势产业，提升国际竞争力。发展传统和优势产业是印度政府的重要事权。中央政府通过制度供给和各种政府扶持方式，大力维持和发展软件开发、工程咨询、生物技术、医药等在国际上的竞争优势。

第四，制定知识产权保护政策。印度政府在知识产权保护上，采取有利于本国利益的不同的知识产权保护政策。印度医药业是个庞大的利益集团，印度的仿制药物美价廉，尤其是一些抗癌症和抗艾滋病的药物。印度政府以道德为后盾，根据WTO中的强制许可制度，推动了WTO修改知识产权规则，允许印度在医药方面可实施强制许可，这一举措大大延缓了医药行业跟国际接轨的时间，为其发展赢得先机。然而，对于世界领先的软件行业，印度制定严格的知识产权保护制度，使西方不断地将软件和相关服务外包给印度，推动软件行业成为印度科技创新新引擎。

第五，培养社会知识产权意识。立足于印度知识产权长久发展，印度的知识产权教育"从娃娃抓起"，通过建立教育投资公司和创立更多的教育性大学，加大对技术教育和职业教育的投资。帮助建立法律和技术协助组织，这些组织除对知识产权战略提供协助任务外，还在更大社会范围内通过座谈会、研讨会、讲座等向社会宣传知识产权保护和实施的重大意义。

印度知识产权公共服务的事权履行主体，从政府职能部门角度，国家层面的知识产权综合管理机构为印度科学与工业研究理事会（CSIR）、国家计划委员会、国家软件和服务公司联盟等机构。其中，CSIR的功能最为强大，涉及知识产权国际事务、国际保护、政策法规制定、知识产权创造投入等多方面事权内容，其他职能部门在所辖范围内做重要补充。印度专利、设计、商标管理总局（CGPDTM，即印度工业产权局）是印度的知识产权行政管理部门，该局隶属于印度工业政策和促进部，是印度专利、设计、商标及地理标志等事务的主管机关。印度版权管理部门归口在印度版权局及版权委员会。此外，印度知识产权申诉委员会和印度警察局主要负责知识产权侵权等工作。

从政府间事权角度，印度作为联邦制国家，宪法规定：中央政府的职能在于维持宏观经济稳定和保证公共物品有效供给的资源配置功能；州政府的职能在于为地方提供公共物品和劳务；对于共同履行事权项目，一旦中央和地方发生冲突，中央具有压倒一切的权力。①

印度的知识产权事权多涉及战略性和全国性的制度和公务物品安排，因此，印度的知识产权事权主要集中在中央，而作为地方政府的士邦，在中央的指导下，承担部分知识产权创造、保护、管理和服务的权利。

6.4.3　印度知识产权公共服务中的财政支出责任

对于知识产权公共服务而言，事权范围中由支出责任部分构成了知识产权支出责任的内容。从上面知识产权事权划分范围来看，可以很容易得到知识产权支出责任的范围。

从支出责任的划分来看，宪法规定了中央、地方支出责任和共同的支出责任。中央政府在知识产权产业化、重大基础设施投入等方面，发挥主要作用并承担了主要支出责任。地方政府在知识产权领域内法律与秩序、教育服务、经济服务等方面承担了主要份额。印度作为发展中国家的典型代表，区域经济不平衡性是印度经济特征之一。政府的转移支付构成了地方政府财力的重要组成部分。印度宪法追求各级财政平衡，根据需要，中央向地方提供援助性拨款，以弥补横向和纵向政府间的财政失衡。通过对拨款和贷款的项目控制，中央政府引导和促进地方政府将财政资金投放到知识产权公共服务领域。

6.5　财政支出责任实践对知识产权公共服务的经验借鉴

综观美国、日本、韩国和印度四个国家在知识产权公共服务中的事权和支出责任范围及划分，可以得到对我国提供知识产权公共服务一些共性和个性的启示。

---

① 甘行琼. 印度的财政分权及其借鉴 [J]. 财政与发展, 1998 (16)：43-45.

6.5.1 知识产权事权具有明确的战略导向

无论各国的国家知识产权战略是否有明文规定，各国都在实施知识产权战略已是一个不争的事实。国家知识产权战略的主要目的是解决全局性、制度性和政策性问题，为创新主体创造良好的政策和市场环境，为知识产权发展提供导向和优质服务。

各国知识产权战略任务是具体化的。在国家层面，主要是制定并完善知识产权法律、法规。根据国际知识产权变革和国内知识产权保护的要求，适时修改和完善知识产权法律法规；对知识产权实施科学管理，健全管理机制；宣传和普及知识产权文化，培养知识产权人才；参与国际知识产权事务和交流等。另外，在区域和产业层面，组织知识产权创造；在知识产权运用方面，制定相应的扶持政策，加速知识产权产业化；在知识产权保护方面，不断提高执法能力，加强执法监督；在知识产权管理和服务方面，建立知识产权公共服务平台，协助创新主体形成知识产权联盟，大力发展中介机构，培养相关人才等。

各国知识产权战略具体化意味着知识产权事权具体化，从政府角度出发，知识产权事权是为实现知识产权战略服务的，知识产权事权的出发点和落脚点是以知识产权战略为依据的，知识产权战略确定了事权范围和框架。

6.5.2 财政支出责任划分有清晰的法律界定

无论是发达国家还是发展中国家，都具有清晰划分政府事权和支出责任的法律。无论该政府采取的是宪法还是普通法律，总能找到调整政府间事权和支出责任的法律依据。在政府间财政关系法律框架的硬约束机制下，各级政府明确行使各自规定自己权利的范围和边界。对于知识产权公共服务领域，法律规定了中央政府和地方政府事权以及共同事权，中央政府和地方政府在各自规定的领域内行使自己的权利，通过法律调整各自的权利和义务，为实现知识产权公共服务目标合理分工，有效规范了各级政府的事权和支出边界，避免了行政干涉，增加了事权部门预算的科学性和前瞻性，有利于更好地履行财政支出责任。

除了具备调整政府间事权关系的法律，对于支持知识产权发展的法律，部分国家的法律体系也相当完善。这些法律往往以科技立法形式，在知识产权创造、运用、保护、管理和服务环节多有涉及。除了层次较高的法律，发达国家还有各种各样的政策，全方位规定和明确知识产权的公共服务范围。

6.5.3　知识产权保护程度因国情不同灵活调整

知识产权保护是政府最重要的事权之一，也是政府最重要的公共服务供给之一。国家层面的知识产权保护战略分为两种形式：一种是被动接受国际贸易保护协定，对参加国际条约履行知识产权保护义务，主动调整和适应知识产权保护国际协定；另一种是对知识产权保护采取更加激进的措施和进攻性战略，提高知识产权国际竞争力和话语权。

部分国家自加入 TRIPs 协议后，一方面，按照协议规定，不得不提高国内知识产权保护水平，对于发展水平不高的产业通常实行以适应最低国际保护标准的弱保护，相关产品进入国际市场要支付高昂的专利费用，花费大量的成本，严重损害了本国的发展权。这需要国家在相关产业开展防御策略，推动国际规则修改，以利于本国产业发展。另一方面，并非所有领域产业在国内都受到知识产权保护阻碍，在这些国家占竞争优势的行业，如印度的软件行业，他们会从知识产权规则中受益，不拘泥于现有规则，主动推动知识产权强保护，运用知识产权促进自身利益发展并将知识产权诉讼推到别国法庭。

TRIPs 协议所确定的制度并没有打破知识产权保护的地域性，国家主权仍然在知识产权保护制度的建立上保留了一定的主动性。无论是防御型还是主动进攻型国际知识产权保护，其本质是根据本国各个产业不同阶段发展的具体情况，有的放矢地开展本国参与国际知识产权竞争的战略和策略，最大限度地实现本国发展和提升企业竞争力，增强国际知识产权地位和提升国际知识产权话语权，这在操作层面已经成为若干国家的知识产权政策趋势。

6.5.4 财政支出责任重点领域在于成果产业化和人才培养

知识产权发展的财政支出领域是依靠市场力量难以推动知识产权相关环节发展，难以达到资源配置效率最佳的地方。虽然投放领域和环节众多，但是知识产权财政支出领域在成果产业化和人才培养方面都是高度重视。

知识产权成果产业化是上述四个国家知识产权发展的核心内容之一。在这些国家中，企业是真正的市场主体，是创新的中坚力量。在鼓励企业进行知识产权创造过程中，这些国家的政府对财政支出是不遗余力的。此外，国家对知识创造引导并非一视同仁，而是侧重于政府战略层面确定的产业。知识的创造领域是关系到当下和未来国家发展和国际竞争的战略性、基础性和前瞻性的产业。同时，国家财政加大了对这些行业知识产权成果转化的支出，尤其在开展知识产权产学研等知识产权成果产业化方面高度重视。

人才是知识产权可持续发展的关键。上述四个国家对于知识产权人才的培养高度重视。这种重视性体现在如下几个方面：一是高度重视基础教育中知识产权的投入。"从娃娃抓起"是知识产权教育在大众教育中最好的诠释。二是注重应用型教育和职业教育投入。大力投入基础设施和经费，知识产权人才培养和知识产权战略发展结合起来，让其与市场需求相匹配。三是对于知识产权发展各环节，政府提供各种培训、研讨会等提高知识产权服务人才的素质。

6.5.5 管理和执法能力高效有力

知识产权管理和执法也属于知识产权公共服务。各国都把提高管理能力和执法能力作为重点，来促进本国知识产权全面发展。在这方面，上述四个国家采取的主要措施有：①让知识产权行政管理机构形成"二合一""三合一"或"多合一"的综合管理机构。知识产权的客体由专利、商标和版权等多种权利体组成。上述国家，均采用把知识产权客体结合起来成立管理机构，极大地增强了知识产权综合协调能力。②提高知识产权管理机关的行政能力，使知识产权创造主体的知识产权确权更便利。韩国和印度的主管机关根据需要，不断扩大知识产权事权的预算，压缩申请人的知识产权成本，减少知识产权审查周期。韩国采取了外包和信息化手段，缩短审查周期；印度实施"知识产权办公现代化工程"，提供一流设施。③根据经济社会发展，不断加大知识产权执法力度，加强知识产权保护。各国加强知识产权执法的重点和方式不尽相同，以维护产业发展为打击重点、开展公民教育和有奖举报、设立专门的专利法院等多种形式进行知识产权执法。④管理和执法活动围绕知识产权的应用。除在制度上以包括"强制许可"、公共健康例外等规定广泛地运用知识产权外，还通过意识普及、信息化、扶持项目等，积极促进知识产权转为生产力。

7 优化我国知识产权公共服务中财政支出责任的路径

7.1 知识产权公共服务中财政支出责任优化的整体思路

知识产权公共服务的财政支出责任是否处于优化状态，既对我国财政体制及其公共经济的运行效率产生至关重要的影响，又关系到我国知识产权发展推动创新型国家建设。针对现阶段我国知识产权公共服务中财政支出责任优化，要有宏观上的思路把握。

7.1.1 在事权理论框架下合理确定财政支出责任

知识产权公共服务中的财政支出责任，除具有一般公共性财政支出的特点外，由于其对国民经济转型的巨大推动和保障作用，还具有其他财政支出不具备的特点。因此，要在一定的理论指导下，按照一定规程来正确指导知识产权公共服务中的财政支出责任，才能保证知识产权公共服务最佳路径。事权理论框架是我国结合国外财政支出责任关系的相关理论和我国财政体制改革而得到的处理财政支出责任关系的科学认识理论。基于科学的方法论，沿着事权理论分析方法合理地确定政府财政支出责任。

确定知识产权公共服务中的支出责任，首先要关注两个方面：一方面是对知识产权公共服务中事权的确定，即按照一定的原则科学地划分政府和市场的边界；另一方面在明确政府的事权范围后，在政府的财政支出范围内确定其支出责任。

确定财政支出责任，要注意兼顾处理好以下几个环节的关系：①要根据一定的原则划分知识产权公共服务中的政府间支出责任范围。②要对划分好的知识产权公共服务财政支出责任进行财力匹配，保障知识产权公共服务财政支出责任在各级政府有足够财力履行。③要处理好不同支出责任的决策权、执行权、支出权及监督权四个事权的相互关系，以保障支出责任顺利履行，满足知识产权公共服务提供需要。这就是事权理论框架下，知识产权公共服务中财政支出责任的整体路径。

7.1.2　构建权责均衡的政府间财政关系

权责均衡的政府间财政关系是政府健康运作和知识产权公共服务的前提和基础。均衡政府间财政关系，一定要围绕为知识产权发展提供更高水平的公共服务为立足点和着眼点，只有这样，才能找到解决问题的根本途径和方法。首先要建立基层政府知识产权发展公共扶持体系；其次赋予基层政府一定比例的财权，通过分税或分成建立与知识产权公共服务速度相适应的有职、有责、有权的基层政府；最后通过科学规范地转移支付体系向基层政府转移财力，弥补财权调整滞后带来的基层支出困难。

权责均衡的政府间财政关系是知识产权公共服务的必然要求。从根本上讲，支出责任体制的设计需要在法律规制前提下合理地划分政府间事权。知识产权公共服务支出责任划分的难点在于公共服务及权力的界定。从历史和国外比较来看，中央政府和地方政府根据若干原则，共同履行知识产权公共服务事权。无论是支出责任还是管理责任，前提是以一定收入来源作为履行基础，需要获得与其承担责任相匹配的财权。事权、支出责任、财权和财力作为政府四大财政关系要素，反映在现实中，就必须对现有行政隶属关系和职能部门上下级之间的上下对口、职责同构的制度设计进行改革，通过对四大要素之间合理灵活搭配实现知识产权各项公共服务的有效供给。

7.1.3　支出责任划分和收入划分联动起来

支出责任划分和收入划分联动是由知识产权公共服务事权和支出责任动态性决定的。知识产权公共服务事权和支出责任动态性源于知识产权发展的动态性。这种动态性体现在三个方面：一是世界知识产权事业的急剧发展，知识产权日益成为企业发展的战略性资源和国家竞争力的核心要素，受到世界上各个国家的重视。二是作为知识产权载体的知识，本身也在飞速膨胀和发展。知识经济时代的特征之一是知识增长和科学技术的迅猛发展，其造成的后果之一是使知识产权的权利范围和形式不断被突破。三是政府对知识产权发展本身的认识也是不断发展的，造成政府职能的不断调整。

政府收入划分是在分税制基础上形成的明确而稳定的收入分配机制。收入分配机制一旦遵循某种原则、按照一定的比例在各级政府中确定下来以后，在相当长的时间内很难发生改变，这与知识产权发展的动态性很难匹配起来，导致支出责任划分动态性和收入划分稳定性出现矛盾，此问题解决不好，除了会导致知识产权公共服务供给不足外，还会造成区域间知识产权发展不平衡。因此，在进行财政支出责任划分路径优化时要把两者联动起来考虑。

7.2　知识产权公共服务中财政支出责任优化的目标与原则

7.2.1　财政支出责任优化的目标

财政支出责任优化的目标是一切财政支出活动的落脚点和出发点。在整个知识产权公共服务政府活动中具有鲜明的导向。财政支出责任优化的宏观目标是为创新驱动提供重要支撑和保障，微观目标是在科学划分财政支出责任的基础上，明晰划分政府间支出责任，达成事权与支出责任相匹配。

政府在知识产权公共服务中的事权要以创新驱动发展为导向，知识产权公共服务事权不能"眉毛胡子一把抓"，分不清主次。通过国内外政府事权履行分析，当前，政府的事权领域以科技核心领域、知识产权成果产业化、区域均衡发展和参与国际知识产权发展竞争四个方向为主要内容。

因此，财政支出责任优化目标包括：①推进科技核心领域知识产权产出，如新能源、新材料、生物医药、节能环保、信息网络、绿色经济、低碳技术等重要领域。②优化知识产权成果产业布局，培养和发展新型产业。③推动区域知识产权发展，建立知识扩散机制促进区域创新整体水平提升，带动区域经济发展。④引导企业国外知识产权布局，一方面在国内，推动国家或行业标准的产业标准布局、企业强强联合的联盟合作布局、抢占和联络重要法律资源的势力布局；另一方面推动企业通过普通国家申请、巴黎公约和 PCT 三种途径进行国际知识产权空间布局。

7.2.2 财政支出责任优化的原则

7.2.2.1 权责总体一致性

知识产权领域的财政支出责任，实质是在各级政府中科学分担事权并有效提供公共服务，在最小化公共服务成本下，推动知识产权发展。因此，财政支出责任要遵循与该级政府权力对等的原则，即哪级政府拥有提供某种公共物品或服务的责任和权力，哪级政府就要相应地承担供给该项公共产品或服务所需的资金。提供各项公共物品或服务的权力在各级政府间明晰划分，每级政府按照划分的权力履行相应的支出责任即可。

在划分的知识产权发展事权事项中，如果某些事权事项天然具有明确的地域性，那么这些事权显然属于该地域政府应该履行的职责和权力，支出责任也很明确地属于该级政府。譬如，当地特色知识产权事权，通常具有很明确的辖区责权，一般该类事权由当地政府履行并承担相应的财政支出责任。

7.2.2.2　纠正效益外溢性的成本补偿原则

知识产权发展所需提供的公共产品或服务，在大多数条件下并不具有明确的辖区归属性。这本质上是由公共服务的层次性、效益外溢性决定的。同时，考虑到公共物品或服务供给的效率、公平和民主的要求，导致公共物品事权在各级政府间的配置关系相当复杂。对很多公共物品或服务而言，为了解决供给效益外溢性、兼顾效率与公平性，政府间财政关系的四个要素——决策权、执行权、支出权和监督权需要配置在两个及两个以上政府层级中，而且决策、执行、支出和监督每一项事权几乎都要以不同的侧面配置于不同层级政府中。

知识产权创造和运用的地方知识产权特色产业的发展，按照效率的原则，其基础设施建设和维修等的决策、执行、支出和监督权力应当由基层政府来履行，但由于地方知识产权特色产业发展既对优化产业结构、助力创新驱动有着重要的战略意义，也是当地居民的一项基本权利，同时客观上不同地方的基层政府在财力上存在很大的差距，如果将地方知识产权特色产业发展事权一揽子交给基层政府来履行，就难以保证全国所有地方都能按照当地创新驱动发展的实际需要所要求的标准来提供公共产品和服务，甚至影响我国产业结构调整和区域经济协调发展。解决这个矛盾的有效办法就是将地方知识产权特色产业发展事权细分范围，标准性基本事权，基础设施建设、维修等具体实施性决策事权以及不同层级的支出权、监督权，按照不同层级政府的优势与能力分别配置于上下不同层级的政府中，分工协作，共同承担。在这种情况下，除决策性、执行性、支出性和监督性事权履行本身需要消耗的公共行政费用采用分级划分外，高新技术园区建设、企业扶持资金等如何在各级政府中划分，就需要进行科学合理的配置。多数发达国家对于知识产权公共产品或服务，涉及公民基本生产与发展基本、国家产业战略、区域发展战略、国际知识产权布局等，都是进行事权多层级划分、筹资责任两级以上分担的解决方式。上级政府之所以要以不同的比例分摊下级政府负责的知识产权公共产品或服务，源于这些公共物品或服务具有正效益外溢性，只有在上级政府给予适当成本补偿下，这种公共物品或服务才能在数量和质量上实现最优供给。

7.2.2.3 财政支出责任划分和辖区居民受益紧密衔接原则

根据利益相关者理论，居民的花费和居民的获得之间的联系和衔接越紧密，就越能调动居民参与公共决策和监督活动的积极性、创造性和主动性，从而越有利于公共财政投入效率的提高和政治参与的广泛性。因此，财政支出责任应当尽可能配置于最接近纳税人的那一级政府。对于知识产权发展的财政支出，除上级政府给予的间接支出责任外，本级财政支出还要充分结合本辖区知识产权发展的特点和现状，针对当地居民的需求，有的放矢地在知识产权领域提供与公民消费密切联系的公共物品。比如针对2015年我国国家知识产权局等八部委印发的《关于全面推行〈企业知识产权管理规范〉国家标准的指导意见》，北京市知识产权管理部门又专门颁布了地方标准并于2021年实施。而各级政府的企业的确有知识产权管理标准化的需求，这就需要本地财政资金在企业的投入上贯彻国家标准，通过财政支出，能充分地调动辖区内企业的知识产权创造和运用的积极性和主动性，更大地发挥财政支出的引导作用。

7.2.2.4 财政支出责任配置与财政收入筹集能力相适应

各级政府对于财政支出责任配置的根本在于责任的落实且必须以相应的层级政府具有相应的筹资能力为前提。政府的筹资能力包括税收收入、社会保险基金收入、非税收入、地方政府发债和转移性收入，前四项是一级政府的自有财力，后面一项来自上级政府的转移支付。知识产权公共服务各个环节的财政支出有的来自一级政府自有财力，有的来自上一级或中央政府的转移支付。但无论财政支出源于哪里，一级政府对于知识产权发展的支出必须跟本级政府的筹资能力相适应，也就是量力而行。如果某一层级政府筹资能力被经济发展和居民收入水平所限制，或被上级安排超出其能力的财政支出责任，该层级政府就应对解决办法理性选择其一，要么降低知识产权公共物品提供的数量和质量，减少公共物品提供的范围；要么请求上级政府给予转移支付等方式来弥补提供公共物品或服务所需要的财力缺口。

7.3   知识产权公共服务中的财政支出责任划分路径

为实现政府间知识产权公共服务财政支出责任的目标，达到知识产权经费及时、有效供给，必须遵循经费充足、配置高效和分配公平的基本要求。为了达到这个要求，必须坚持财政支出权责总体一致性等原则。在这些基本目标和基本原则下，根据我国知识产权公共服务实际情况，结合其他国家有关经验，合理划分我国知识产权公共服务中财政支出责任的路径选择。

7.3.1   合理划分知识产权公共服务中财政支出责任的前提

在按照知识产权公共服务中财政支出责任的思路、目标和原则划分之前，还要把知识产权发展整体运行和我国现阶段财政体制改革运行现状结合起来。财政支出责任划分之前，要明确三个基本问题：一是知识产权公共服务中财政支出责任划分应该在三级财政体制构架下进行；二是知识产权公共服务中财政支出责任具体包含哪些内容；三是我国各级政府之间的财力分配状况。这三个基本问题是合理划分政府知识产权公共服务中支出责任的前提和基础。

7.3.1.1   确定三级构架的财政支出责任划分层级

确定知识产权公共服务财政支出责任划分层级应该从我国财政体制和知识产权发展自身要求两方面考虑。首先，我国《宪法》规定了政府层级包括中央、省、市、县、乡的五级政府，按照"一级政府，一级预算"的逻辑，对应地产生五级财政。随着"省直管县"和"乡财县管"改革不断推进，乡镇的财政职能不断弱化，省级财政调控职能不断增强，实行中央、省、市或县三级财政层级是我国财政体制改革未来的发展方向。基于这个背景，我国知识产权公共服务中财政支出责任应该在中央、省、市或县三级财政层级之间进行合理划分。其次，我国知识产权公共服务中涉及五个知识产权发展环节，分别是知识产权创造、运用、保护、管理和服务。由于知识产权公共服务供给的知识属性和科技属性，其主要发生地集中于县级及以上的财政层级。从实践中，除中央外，省或市履行了较多的事权和支出责任，县级履行的支出责任较少，乡镇级别涉及事项更少的支出责任。因此，采取中央、省和市或县三级财政层级划分支出责任，比较符合知识产权发展的现实情况。

7.3.1.2 知识产权公共服务中的财政支出责任分类

在确定了承担知识产权公共服务中财政支出责任的层级之后，还需要进一步明确知识产权公共服务的支出责任分类。

按照我国目前涉及知识产权公共服务的预算支出功能分类，我国财政支出责任大致主要可以分为如下四类：[①] 一是一般公共服务支出。这包括各个政府部门跟知识产权有关的行政运行、一般行政管理事务、机关服务、知识产权审批、知识产权战略规划与实施、知识产权试点和产业化推进、知识产权执法、知识产权宏观管理、事业运行及其他知识产权事业支出。二是外交支出。这包括各个政府部门跟知识产权有关的国际组织会费与捐助、驻外机构支出。三是教育支出。这包括各个政府部门跟知识产权有关的进修及培训支出。四是科学技术支出。这包括各个政府部门跟知识产权有关的科学技术管理事务、基础研究、应用研究、技术研究与开发、科技条件与服务、科技普及、科技交流与合作、科技重大专项、其他科学技术支出。

按照我国目前涉及知识产权公共服务预算支出的用途分类，可以分为基本支出、公用支出和项目支出。基本支出和公用支出并非本书研究内容，本书关注的重点是项目支出。知识产权公共服务支出责任按照项目支出有如下类别[②]：一是知识产权事务中的项目支出。包括一般行政管理事务、知识产权审批、国家知识产权战略、知识产权试点和产业化推进、知识产权执法、知识产权宏观管理。二是科学技术支出中的项目支出。包括基础研究（重点基础研究规划、重点实验室

及相关设施）、应用研究（社会公益研究、高技术研究、其他应用研究）、技术研究与开发（应用技术研究与开发、科技成果转化与扩散）、科技条件与服务、科学技术普及、科技交流与合作、科技重大专项、其他科学技术支出（科技奖励、转制科研机构、其他科学技术支出）。三是外交项目支出。四是教育项目支出。

7.3.1.3 我国各级政府的财力配置状况

财政支出责任还要考虑各级政府财力配置状况。我国幅员辽阔，区域经济发展不平衡，各级政府和不同地区同级别政府间财力差距明显。因此，在划分知识产权公共服务财政支出责任时，要考虑不同地区财力状况，不能搞"一刀切"。从一般预算收入来看，中央一般预算收入占全国比重最大，一般为50%左右，省市县大体上分别占全国一般预算收入十几个百分点。从各级政府可支配财力状况来看，在一般性转移支付和税收返还后，提高了各级政府的可支配财力。从县级财政支出来看，不同县级政府在财政支出方面差别很大。

因此，财政支出责任划分要因地制宜，充分考虑本级政府的财力配置状况，否则，将会极大影响该级政府履行知识产权支出责任的积极性。

7.3.2 知识产权公共服务中财政支出责任的具体界定

明确了知识产权公共服务中财政支出责任划分的整体思路、目标和原则后，立足于支出责任划分的前提，在借鉴其他国家经验的基础上，按照预算支出的特点并结合第4章揭示的财政支出责任现状，将知识产权公共服务各项支出责任在各级政府间进行合理划分，建立中央、省、市或县分级分项知识产权公共服务支出责任共担机制。

7.3.2.1 按照功能划分的各级财政支出责任

（1）中央承担的知识产权公共服务财政支出责任。

中央政府承担的支出责任按照支出预算功能科目划分包括中央职能部门与知

识产权有关的行政运行、一般行政管理事务、机关服务、专利审批、知识产权战略规划与实施、知识产权宏观管理、国家和国际性的知识产权执法、外交、本级的教育和培训、重大基础研究、应用研究、科技重大专项等支出。

从事权角度，中央职能部门除本级机构正常运转的财政支出外，还要履行知识产权战略规划与实施，宏观管理、国家和国际知识产权执法、外交、本级的教育和培训等支出。对于涉及知识产权的全国性公共物品或服务的重大基础研究、应用研究、科技重大专项等财政投入，同样由中央全额承担支出责任。它们的财力一般源于中央财政拨款。

（2）地方承担的知识产权公共服务财政支出责任。

省级政府承担的支出责任按照支出预算功能科目划分包括省级部门与知识产权有关的行政运行、一般行政管理事务、机关服务、省级知识产权战略规划与实施、知识产权宏观管理、省域的知识产权执法、本级的教育和培训、省域重大基础研究、应用研究、科技重大专项等支出。

从事权角度，省级职能部门除本级机构正常运转的财政支出外，还要履行省级知识产权战略规划与实施，宏观管理、省级知识产权执法、本部门的教育和培训支出。对于涉及知识产权的省域公共物品或服务的重大基础研究、应用研究、科技重大专项等财政投入，由省级承担支出责任。它们的财力一般源于本省级财政预算。而对于中西部一些困难地区，中央政府可适当予以补助。

市县级政府承担的支出责任按照支出预算功能科目划分包括：市县级部门与知识产权有关的行政运行、一般行政管理事务、机关服务、市县级知识产权战略规划与实施、知识产权执法、本级的教育和培训等支出。

从事权角度，市县级职能部门除本级机构正常运转的财政支出外，还要履行本级知识产权战略规划与实施，知识产权执法、本级的教育和培训支出。它们的财力一般源于本级财政预算。对于经济困难地区，中央和省可适当予以补助。

7.3.2.2　按照项目划分的各级财政支出责任

用项目法划分政府间知识产权公共服务中支出责任的框架如表7-1所示。表7-1是对中央政府与省、市或县级政府以及中央和地方共同承担的财政支出责任的进一步划分。一些特殊情况，比如原有的一些应当由中央参与负责的财政责任，地方也安排了一定量的财政支出，在表7-1中做了调整。另外，对于辖区无支出责任的，也要根据地方实际财力情况，在财力充足的情况下，允许地方合理合规地安排支持本地知识产权特色发展的支出。

由于知识产权发展和事权的动态性，事权界定也是在不断发展的。按照事权理论，还要充分考虑事权的政治属性、社会属性和历史属性等约束条件，这在我国显得更为重要，其核心要义是对我国知识产权公共服务体制机制的调适。

表7-1　知识产权公共服务中财政支出责任划分

知识产权发展环节	项目	中央承担	省级承担	市或县承担
知识产权创造	基础研究	√	√	
	应用研究	√	√	
	技术研究与开发	√	√	√
	科技重大项目	√	√	
知识产权运用	科学技术普及	√	√	√
	科学技术交流与合作	√	√	√
	专利试点和产业化推进	√	√	√
知识产权保护	专利执法	√		
知识产权管理与服务	科技条件与服务	√	√	√
	专利审批	√		
	国家知识产权战略	√	√	
	国际组织专利活动	√	√	√
	知识产权宏观管理	√	√	
	商标管理	√		√
	原产地地理标志管理	√	√	√

资料来源：根据《2019年政府收支分类科目》中的"知识产权事务"和"科技学技术支出"列出的有关款和项，按照知识产权创造、运用、保护、管理和服务的维度整理。

8 完善我国知识产权公共服务中财政支出责任的思路和措施创新

为进一步发挥政府资金在知识产权公共服务中的重要作用，促进创新驱动发展，在优化我国知识产权发展财政支出责任的基础上，关键是要继续用改革的思维加强体制机制创新，完善制度体系建设及其运行，沿袭财政体制改革方向的逻辑，理顺政府间财政关系，构建完善的知识产权公共服务财政支出体制和良性的运行机制。

8.1 完善顶层设计，建立责任明确的支持机制

源于工学领域的顶层设计已成为我国政治治理的名词，其本意是指统筹考虑各个项目及层次，从全局和最高层次上寻找解决问题的办法。现在广泛应用于政治领域，泛指从全局的角度，对某项任务的各个方面、各个层次、各个要素统筹规划并高效快捷地解决问题。

知识产权公共服务的复杂性和系统性要求财政支出责任以最高的角度，对不同环节、不同层级、不同资源全盘规划和统筹考虑，才能科学履行政府职能，合理地处理政府间及各部门的支出责任。

8.1.1 进一步细化知识产权公共服务事权清单

8.1.1.1 细化中央和地方政府间知识产权公共服务中的支出责任

虽然对知识产权公共服务支出责任做了分析和界定，但改变不了知识产权公共服务支出责任划分在中央和地方间仍然较粗糙的事实，现阶段，应当进一步予以细化，以避免事权缺位等情况发生。在"中央决策、地方执行"的思维下，中央要经过充分统筹，确保其政策的颁布能够保证支出责任和事权紧密相连。无论支出责任的重心在哪级政府，中央要能保证设计一套机制，使知识产权公共服务支出责任都有相应的财力来源，无论是财权还是转移支付，相应的事权都有相应的财力做保障。

我国的知识产权事业正进入飞速发展的时期，政府知识产权事权具有极大动态性。这种动态性给中央和地方支出责任划分带来很大的不确定性，为了应对这种动态性，只有细化中央与地方财政支出责任，才能明确后续的财力和事权的匹配，便于地方政府更加有效地履行职责。细化财政支出责任的规则是立足于分税制基础上，使中央和地方事权的边际变化和财力的边际变化相等（刘尚希等，2012）。对于知识产权而言，事权和财力的增量在每个层级政府都是不同的，按照各自不同的情况择情安排，事权可以上移也可以下移，财力跟随事权做相应调整，因此各个地方的支出责任不一定是同质的，会因区域经济条件的不同显示差异。

8.1.1.2 理顺和规范横向政府间知识产权公共服务中的支出责任关系

对于知识产权公共服务事权来说，履行知识产权公共服务事权直接或间接的中央职能部门就有 30 多个。长期以来，宏观事权部门缺乏有效协调机制，在支出责任上表现为横向财政关系长期缺失。中央各个职能部门向地方下达行政命令时往往将任务直接布置给地方政府，虽然有些是跟财政部门联合下达并且有中央财政专项支持，但往往缺少与财政部门沟通协调机制，导致地方政府通常难以有效履行知识产权公共服务支出责任。理顺和规范政府间财政关系，就要求进一步改革中央部门设置，把有职能交叉和模糊的事权该合并的合并，推行大部制。同时，对要求地方履行的事权，进行合理的财力可行性评估，对超出地方政府财力范畴内的事权履行，通过财政拨款达成财力的平衡，发挥预算对中央和各部门硬约束机制，杜绝事权下达的随意性。

8.1.1.3 细化省级以下知识产权公共服务支出责任

我国原有的分税制体制通过收入划分等形式把一部分财权交给下级政府，而对下级政府下达行政命令的同时，缺乏对下级财力保障的考虑。因此，越往下基层政府提供知识产权公共服务能力越弱。地方政府知识产权公共服务事权支出项目本身是复杂的，支出责任划分涉及很多理论层面，并且在实践中不断地动态发展。造成区域知识产权公共服务不平衡的主要原因是缺乏辖区财政责任，把支出责任的重点放在本级政府，自求平衡，对细化省级以下支出责任缺乏足够的动力。

因此，在建立地方辖区责任制度的前提下进一步细分知识产权公共服务支出责任，能有效地达成辖区内纵向和横向的财政平衡。对于省以下知识产权财政支出的范围或项目，科学考察各地财力情况，不能搞"一刀切"。在经济基础良好的市或县政府，知识产权公共物品或服务提供数量、质量或结构明显高于其他同级区域，而对于经济基础薄弱的市或县，需要上一级政府统筹考虑财力承受能力，在财力不足以履行相应事权的时候，给予相应的财力补助。

8.1.2 构建协同一致的事权履行机制

当今政府面临的知识产权公共服务事权日益多样化和复杂化，知识产权创造、运用、保护、管理和服务的五个环节通常涉及多个政府职能部门，需要不同的政府机构之间协同才能解决，协同的关键在于建立统一的顶层设计机制。[①] 学界对于系统机制进行过大量的研究，研究表明，成功的协同依靠规范的运作流程

---

① 张铠麟，王娜，黄磊，王英，张汉坤. 构建协同公共服务：政府信息化顶层设计方法研究 [J]. 管理世界，2013（8）：91-100.

和跨组织的协作能力，解决不同系统之间差异性和互操作性（张凯麟等，2013）。现代协同治理概念中，重点在于顶层设计对子系统的协作和协调，促进各方利益有效融合，从而实现整体协同功能大于局部功能，实现资源配置效率最大化（杨清华，2011）。知识产权发展系统内部包含了大量的利益主体，彼此的关系错综复杂，因此，需要一个科学合理顶层设计系统为知识产权发展提供支撑。由于知识产权公共服务具有系统性和复杂性的特征，可以从知识产权公共服务实际情况出发，综合考虑知识产权公共服务协同机制及其影响因素，以知识产权发展为目标，融合知识产权公共服务事权和协同成员间利益关系进行分析，基于复杂适应系统理论构建科学合理的顶层设计，来实现知识产权公共服务的各项目标。

在图 8-1 中，核心层是知识产权发展使命，其内涵包括创造、运用、保护、管理和服务五个环节。核心层的实现需要五个环节的协同成员共同协调。协同成员代表的是它们背后的利益主体，利益主体决定了协同成员的行为。利益主体从顶层设计层面，动态地围绕核心层目标相互融通，以保证协同成员以及成员之间高效运转。这种状态产生了比单个系统独立运行加成还高的组织效率。在这个复杂性系统内，存在多样化的个性组建，呈现在知识产权发展环节和各层级政府在和环境交互作用中，能够根据环境和目标取向，主动适应环境，达成支出责任匹配。

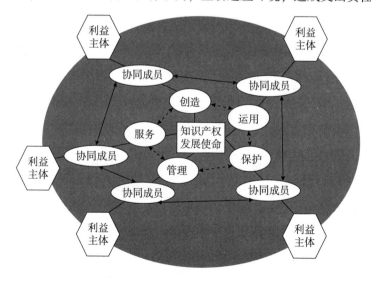

图 8-1　以知识产权发展使命为核心的主体协同图

8.2 合理配置部门职能，构建统筹长效机制

8.2.1 建立统一的知识产权行政管理体制

我国知识产权行政管理涉及部门较多，是造成知识产权公共服务支出责任碎片化的主要原因。在知识产权发展的五个环节中，每个环节都有不同的职能部门，从部门职能角度履行知识产权公共服务事权和支出责任。正如前面章节所提到的知识产权事权履行主体的多样化给财政支出责任带来诸多问题。多元化的知识产权行政管理体制的存在是造成事权与支出责任不匹配、支出资金不能整合使用的根本原因。应该站在顶层设计的角度，合理确定和调整部门职能清单，结合国务院机构改革调整背景，改革政府部门设置模式。

建立统一的、集中管理的知识产权行政管理机构，既有利于梳理并归并各类知识产权行政管理权力、精简机构、统筹人员、统一执法、优化服务，又有利于整合各类知识产权政策资源，提高各类扶持政策的针对性、有效性，吸引更多的创新资源和创新人才导入；引导市场主体综合利用政策红利，放大财政资金使用绩效，提高政策实施效果。还有利于整合各类知识产权公共服务资源，在知识产权注册确权、信息咨询、交易转化、救助维权等方面实现"一门式"服务，切实降低创新主体的经营成本。

改革知识产权职能部门设置应该具备的原则：一是相同职能归并到一个部门统一管理。对政府部门进行综合设置，在职能归类的基础上，重新调整政府间职能关系，构建职能范围宽、涉及领域广、统一领域或环节的事务由同一部门管理的职能部门。二是由精干的大部门组成知识产权职能部门。我国涉及知识产权事权部门分设太细，数量较多，应把综合类部门和专项部门分别合并，合并后的这两类部门可以涵盖政府知识产权管理所有的事权。三是知识产权职能部门框架相

对稳定。知识产权发展的动态性决定了政府职能转变的动态性，知识产权职能部门也应该随着国内外知识产权变化趋势做出相应的调整，但是这种调整并不需要打破原有部门设置，而是通过内部的机构重组、内设机构整合来实现，从而保持知识产权部门框架的稳定性，这同时也为财政支出责任与事权和财力的分别匹配打下了良好基础。四是上述关于知识产权的部门设置要以我国整体国家职能改革重构为背景来考虑。单独的研究知识产权职能部门重构，脱离我国整体职能改革是没有意义的，也不会成功。知识产权职能涉及政府的科技事权、法律事权等，要把知识产权职能部门调整放在国家职能调整背景下统筹考虑。

参照国外的部门机构组织形式，国外的部门结构内部组织形式归纳起来有五种模式①。①以英国为代表的政策部门+执行部门模式。政策部门专注政策制定，执行部门负责政策执行，执行部门在人财物方面具有较大的独立性和灵活性。②以德国和法国为代表的职能部门+独立执行模式。各部门设有职能司局和归口的独立执行机构，独立执行机构只负责某方面政策法律执行，和职能司局共同履行事权。③以美国为代表的职能司局+相对独立模式。各部门设立相对独立的职能司局，既具有独立的行政许可权和执法权，又以独立的形式对外开展工作。④以日本为代表的职能司局+外局+独立行政法人模式。各部门内设职能司局，同时设有部属外局和独立行政法人，独立行政法人跟外局的区别在于不含行政、监管方面职能，主要承担研究、咨询、技术、服务等职能。⑤以一些发达国家为代表的职能司局+地方派出机构模式。因为中央和地方事权划分清楚，中央在地方或跨区域设立行政机构，其编制和预算都纳入中央序列。

对于我国知识产权发展部门职能配置来看，可以以上述五种模式为参照，探索适合我国模式的知识产权职能配置。在知识产权创造和运用环节，因为知识产权创造、运用和科技等部门的事权重合较多，可以探索科技部门、发改部门、工信部门和教育部门等协调部门、业务部门的职能统筹，可综合考虑上述前四种模式；在知识产权保护环节，可以借鉴国外做法，把知识产权行政保护职能独立出

---

① 沈荣华. 国外大部制梳理与借鉴［J］. 中国行政管理，2012（8）：90.

来，归并到警察系统或单独成立执法机构来提高知识产权行政执法效率，可参照上述第五种模式；在知识产权管理和服务环节，可以借鉴国外专利、商标和版权的三种主要知识产权"二合一""三合一"的做法，把知识产权局（管理专利和集成电路布图）、工商局（管理商标）、版权局（管理版权）有关知识产权事权部分有效整合，成立一个新的管理和服务部门，可参照上述前四种模式的某些做法。

8.2.2 贯彻"整体布局、重点支撑"的支出方略

财政支出责任要以促进区域知识产权资源集成和知识产权成果转化为重点，发挥知识产权对不同类型地区产业和社会发展的强大支撑和引领作用。

8.2.2.1 建立以产业发展、产学研结合为导向的公共服务支出方向

知识产权创造和运用要以产业发展，尤其是战略性新兴产业发展为导向，这也是当下财政支出责任的重点。近年来，以节能环保、智能制造、新能源、新材料等为代表的战略性新兴产业蓬勃发展。这些战略新兴产业的特征之一是知识密集型产业，即知识产权高产出产业。战略性新兴产业已成为世界各国新一轮经济和科技发展制的重点。知识产权成果产业化，是提高一个国家核心竞争力，促进产业结构优化升级和区域经济发展的重要推动力。因为知识产权成果的创造主体是企业、高校、科研机构和社会团体，所以知识产权成果产业离不开产学研的紧密结合。

建立以产业发展、产学研结合为导向的支出方向，已成为财政支出责任中知识产权创造和运用环节的必然趋势和发展方向。企业是创造的主体，财政支出起重要的引导作用。只有通过完善市场环境，引导企业增加研发投入，才能推动企业真正成为知识产权发展主体。一是财政资金要鼓励企业和高校、科研院所建立各类创新联盟，增加知识产权创造能力。二是通过优惠政策，引导社会资金向研发和产业化聚集。政府财政支出资金一方面通过科技计划专项支持方式，在具有战略性新兴行业领域，建立企业、高校、科研机构等共同参与实施的有效机制；另一方面通过财政支出政策降低知识产权成果转化风险。三是将知识产权产业园

区作为产业化战略实施的重要载体。加大知识产权产业园区基础设施建设投入，吸引各类创新企业朝园区聚集，落实好配套的财政支出政策。

8.2.2.2 优化支出责任配置，促进知识产权公共服务投入

财政资金支出结构一定程度上反映了支出责任配置状况，投入结构影响资金使用效益，通过机制体制创新可以起到优化支出责任配置的作用。优化资金投入结构就要强化财政支出重点，对投入不合理的机制采取措施，而对支出责任优化配置，重点要处理好以下五种关系：

（1）处理好稳定和竞争的关系。

适当调整财政资金竞争性经费和非竞争性经费的投入比例。在知识产权创造环节多是竞争性经费和非竞争性经费并存，而在其他环节以非竞争性经费居多。二者应当相互配合，并重考虑。在对竞争性经费投入和非竞争性经费投入基础上，既要保证竞争性经费中对重要任务和目标的稳定支持，又要在非竞争性经费中引入一定层次和范围的竞争机制。

（2）处理好基础和应用的关系。

基础研究是知识创新的源泉，代表一个国家科技实力和科研水平。基础研究的公共物品属性，是事权划分的中央财政支出重点。此外，基于应用研究，中央要站在国家产业发展、区域发展和国际竞争战略下，在高风险、社会普惠性、资金需求大的新兴产业的研发、成果转化等方面给予足够的支持。地方财政支出结合实际与中央区域政策相配合，重点对应用技术成果转化进行投入。最后，无论是基础研究还是应用研究，应该适当调整不同研发阶段财政投入的方式和比例，目的是充分调动知识产权创造和运用主体的积极性和主动性。

（3）处理好不同知识产权资源类型的关系。

适当调整知识产权发展不同环节资金投入。我国对知识产权财政经费支出没有明确的分类，但根据知识产权发展的五个环节，包括创造、运用、保护、管理和服务，可以给予五种分类。在这五个环节中，不同的环节有不同的侧重点。当下，在知识产权创造和运用环节，关键是要加大战略性新兴产业成果研发和转化；在知识产权保护环节，仍然是继续加大知识产权保护力度；在知识产权管理

和服务环节，知识产权贯彻国家标准和知识产权公共服务平台建设是国家加大财政投入的两个方向。

（4）处理好各个科研单位之间的关系。

优化财政经费在不同类型单位间分配格局。不同科研经费专项投放科研院所要经过筛选和细分。对于以基础研究为强项的高校和科研院所，加大基础研究专项经费支持，同理，对于行业特色鲜明的高校和科研院所，重点支持应用研究和试验发展的专项经费。除此以外，当前，应该加大对高校和科研院所促进成果转化资金扶持，强化以科技成果转化为目的的知识产权研究。

（5）处理好各类科技专项之间的关系。

目前各种科技计划、专项名目繁多、管理分散，造成资金重复低效、凸显财政支出责任缺失。要结合部门职能改革，对支持对象趋同、任务交叉较多的科技计划和专项进行合并，避免多方投入和重复支持。把研究内容趋同的基金合并，在基础研究方面形成合力效应，在重大基础攻关和纵深研究等方面提供足额经费支持。

8.2.3 优化区域支出责任，推动地方政府增加服务供给

作为经济增长的重要生产要素之一，知识产权资源配置及创新能力的提升遵循了不平衡发展轨迹。在知识产权发展初期，由于效率目标导向，在若干基础条件好，经济基础较发达的地区，出现知识产权人财物的聚集，区域间知识产权发展水平逐渐拉大。随着知识产权创新进一步的发展，区域之间差距达到极致，发达地区登上了创新高地。当发达地区知识产权聚集到一定程度后，聚集规模报酬呈递减状态，知识产权主体为了追求更大收益，逐渐把知识产权发展聚集度高的地区迁移到聚集度低的地区，同时大量的人才物逐渐向不发达地区转移，区域之间的知识产权资源配置和创新能力逐渐趋向平衡。

增长极理论和倒"U"形理论很好地解释了我国知识产权发展和财政支出配置的区域差异问题。佩鲁（François Perroux）在《略论增长极概念》（1955 年）一文中指出经济增长首先在"增长极"，然后通过不同的渠道扩散，带动整个经

济增长。威廉姆逊通过实证分析得出了"国家发展水平与区域不平衡之间存在着有机联系"，区域间经济增长差异轨迹呈倒"U"形分布，即第一阶段，经济发展初期，区域不平衡增加；第二阶段，经济持续增长，不平衡性趋于稳定；第三阶段，经济增长成熟后，区域不平衡趋向收敛。①

增长极理论和倒"U"形理论对目前我国知识产权发展不平衡区域的财政支出责任有着很强的指导意义。我国的省份基本处于倒"U"形的第二阶段。此阶段主要做法是培育增长极为第三阶段做准备。首先，要建立以企业为主体的创新体系。企业是知识产权发展的主导力量，知识产权财政支出要为企业创造良好环境，除加强知识产权保护、构建知识产权公共服务平台等服务外，制定有利于企业创新发展的财政政策和创业风险投资、融资机制，推进知识产权中介服务建设。其次，财政资金要鼓励企业和高校、科研院所建立知识产权联盟，组建以企业为主体的国家工程中心、重点实验室，大力增强产业尤其是战略性新兴产业的研发和转化能力，推动知识产权联盟的建立和知识产权成果扩散机制的完善，向中小企业辐射和转移先进技术，从而带动中小企业产品和技术创新。再次，调整科技专项计划和优化科技计划立项机制。建立以区域特色产业和企业市场需求为导向的资助立项机制。最后，根据各省的实际情况和经济条件，合理确定中央、省、市或县的财政支出比例，充分发挥激励相容机制，调动省级以下政府的自觉性和主动性。

8.2.4 统筹横向支出责任，实现跨区域公共服务共享

知识产权公共服务共享是指在不损害知识产权资源利益相关者的合法权益下，为避免和减少知识产权公共服务资源的搁置浪费和重复建设，将知识产权资源面向公众开放共享。我国科技部在《2004~2010年国家科技基础条件平台建设纲要》中明确了六个平台建设重点，分别为研究实验基地和大型科学仪器、设备共享平台，成果转化公共服务平台，科学数据共享平台，科技文献共享平台，网

---

① 孙绪华. 我国科技资源配置的实证分析与效率评价 [D]. 华中农业大学博士学位论文，2011.

络科技环境平台和自然科技资源共享平台。这六个平台都包含知识产权公共服务资源。遵循这一划分逻辑，知识产权公共服务资源共享也可以泛指有关知识产权实验基地和大型仪器设备、知识产权成果、知识产权数据、知识产权文献、知识产权信息和知识产权自然资源六个方面。

知识产权公共服务资源作为一种重要的战略资源，对创新驱动发展有着非常重要的意义，既体现国家和地区的科技管理水平，又影响区域创新体系建设和社会经济的可持续发展。尤其在国家财政投入有限的情况下，知识产权公共服务资源共享就成为了创新驱动发展的关键。

知识产权公共服务资源共享分为国家、区域、产业和企业四个层次，不同层次的知识产权公共服务资源共享管理由不同的主体主导。企业和产业的知识产权公共服务资源共享管理分别由企业本身和市场主导，国家层面和区域层面的知识产权公共服务资源共享则需要中央和地方政府共同提供支持。

提升财政支出在知识产权公共服务资源共享管理中的效益，可以从以下三方面着手（见图8-2）：①增加知识产权资源共享收益支出。加强在产业共性技术和高新技术产业领域知识产权资源共享支出。由于知识产权资源使用存在边际效用递减规律，在知识产权资源稀缺的情况下，财政支出尽量引导知识产权资源能够被更多的主体开发利用，作用于能够产生更多附加值的领域，增进知识产权创新活动中知识产权资源的贡献，从而迅速推动共享效益的增加。②降低知识产权资源共享成本支出。其主要措施包括增进知识产权公共服务平台的社会化服务和保障知识产权资源公平竞争。我国知识产权国家和地方知识产权公共服务平台建设已经初具规模，但是服务能力和水平还需要继续提升。此外，某些平台还掌握在个别组织和单位手中，通过引入竞争来打破垄断并增进共享活动的公平，能有效降低共享成本，使知识产权资源各种平台真正服务于社会各界创新活动。③提高知识产权资源共享管理水平支出。这是财政支出在共享制度建设方面所起到的作用。政府是制度建设的承担者，政府通过各种类型共享制度来引导增加共享收益和降低共享成本行为，使中央和区域知识产权资源开发处于最佳效益状态。

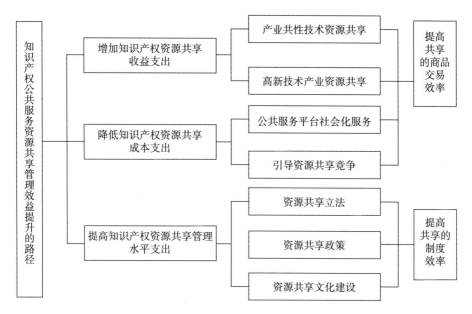

图 8-2 知识产权公共服务资源共享管理效益提升的路径

8.3 创新支出资金管理机制，提高公共服务效益

8.3.1 建立各项专项资金协同机制

各种专项资金支持是各级政府履行知识产权公共服务支出责任的主要方式。在知识产权发展的各个环节，均有不同的知识产权专项资金（见表 8-1）。这些知识产权专项资金，除个别由中央政府单独履行支出责任外（譬如科技重大专项），基本上每一项各级政府都有事权。

表8-1 知识产权发展专项资金分类

知识产权发展环节	专项资金类别
知识产权创造	科技重大专项、专利资助专项、专利示范单位专项等
知识产权运用	专利成果转化专项、知识产权贷款贴息专项、专利创业专项、专利商用化专项等
知识产权保护	专利分析与预警、知识产权维权专项等
知识产权管理与服务	企业实施知识产权战略专项、知识产权体系建设专项等

资料来源：根据《北京市知识产权资助金管理办法》《江苏省知识产权专项资金管理办法》《浙江省知识产权保护与管理专项资金管理办法》《深圳市知识产权专项资金管理办法》《苏州市知识产权专项资金管理办法》等整理而得。

对专项资金政策的考察不仅要关注以各种规则形式存在的政策内容，还要关注它们之间的关系对知识产权发展实施效果的协同作用。各决策部门间互动与合作，实现各级各类政策协同实施是我国各项资金政策实施的关键。在国家宏观政策指导方面，要建立每项专项资金系统目标价值取向的协同机制，并明确地方政府在各项专项资金中应该负有的支出责任，系统地统筹各级管理部门在资金投放对象、投放标准、投放办法等方面的安排。

对于支出责任主要在中央和省级政府重大专项资金，要对其资金支出的分配进行整体协调。这些重大专项由于其技术研究出来的成果应用于多个部门，因此政府的支出责任也分散于各个部门。要注重对各个资金使用总体协调，以达到既保障部门特色又突出财政支出资金使用的整体效率。政府要有专门的机构，统筹各成员机构的项目预算，对知识产权经费资源要依据部门使命、整体目标等方面在各个项目执行主体之间进行合理分配。

对于提升地方知识产权公共物品和服务水平的各级财政支出，要建立各级政府财政支出的有效衔接。原有的各级政府衔接不畅主要原因在于：一是专项资金政策缺乏地区间相互协同，资金运行就容易出现资金的盲点和重复，影响资金支出效果；二是资金扶持对象和扶持额度设置不合理，没有资助重点，专项资金内容尚需细化；三是地方政府资助的连贯性差和重复性高并存；四是专项资金未与统筹部门建立信息交换机制，缺乏重点资助项目的信息来源。① 针对问题症结，

---

① 刘华，刘立春.政府专利资助政策协同研究［J］.知识产权，2010（2）：33.

可从以下三个方面建立专项资金协同机制：第一，由省以上宏观统筹部门统一指导各种涉及地方政府的专项资金支出。按照"阶段分解、比例配套、重点突出、效能协同"的原则进行指导。其中，阶段分解是根据知识产权发展的不同环节实现有差异的资助措施。此外，按照我国知识产权事权重点领域，根据轻重缓急和地方财力差异实施各地不同比例的资助措施。第二，明确并提高政府对专项资金资助的资格审查条件。知识产权质量标准的确立是当下我国政府专项资助知识产权费用政策抉择的核心依据，同时还要兼顾法律、技术和经济等方面的需要。在法律上，被资助的知识产权能满足合法性条件和授权的实质性条件；在技术上，技术成果具有不可替代优势，而且技术成熟度可以满足应用的需要；在经济上，被资助的知识产权能够被市场认同，充分体现其市场价值，与国家产业政策和科技政策相吻合。第三，建立知识产权信息资助系统。各个地方政府能够根据信息资助系统中提供的数据科学判断能否给予某项目的资助或某个阶段的资助，避免同一项目受不同地方政府不科学的重复资助，或者资助出现盲点，背离本地区专项资助重点发展行业的需要。通过信息资助系统，使各级政府实现有效信息交换、杜绝重复资助、骗取资助、资助缺位等问题，从而实现各式各样的地方政府专项资金协同一致，使合力效应最大化。

8.3.2 实现项目管理与资产管理和绩效管理有效结合

国家的知识产权专项资金支出用于支持由单个或多个项目承接单位产生的知识产权成果，而一些公益类知识产权成果容易被项目单位所独占，违背了国家专项资金投入—产出效应最大化的初衷，因此，要把项目管理和资产管理结合起来。创新知识产权成果共享机制和搭建相应的共享平台是资产管理的重要手段。首先，共享平台可以起到资源集聚作用，把人力、物力、资金、信息等散乱分布的资源重新组合，减少基础设施和设备闲置，增加资源重复利用，同时改善各地区知识创新条件，完善科技创新环境。其次，共享平台可以起到资源整合作用。通过解决知识产权资源供给和需求的信息不对称问题，把区域内创新企业、高校和科研院所拥有的知识产权资源有效集合起来，将各种资源转化为现实服务，把科技文献、仪器设备、成型知识产权等有形资产和各种服务等无形资产有效融合，实现对现在资源的多个主体之间共享，减少创新主体成本。

知识产权专项资金绩效管理的意义在于：①促进科研水平提高，增强知识产权创造和运用能力，是国家实现知识产权战略的保障；②保证财政支出结构和知识产权资源优化配置，履行财政支出责任；③对项目绩效评价和项目经费跟踪问效，提高项目经费的使用效益。

我国知识产权发展环节的主要问题在于知识产权创造"大而不优，多而不强"的现状和知识产权成果转化率低状态的并存。因此，知识产权绩效管理的重点在于构建一个以市场为导向的知识产权创造和运用体系，同时包括知识产权保护、管理和服务对知识产权创造和运用的支持体系。①要健全知识产权专项资金绩效评价制度。我国虽然出台了科技资金管理办法和规范，但是缺乏对绩效评价做出规范。借鉴发达国家的经验，一要明确绩效评价主客体；二要规范绩效评价过程；三要有科学的绩效评价体系；四要明确绩效评价的适用防范；五要规定绩效评价的奖惩措施。②建立完备的绩效评价信息系统。建立统一的分项项目评价数据库，降低绩效评价的难度。一是分类整理知识产权支出项目数据信息；二是制定支出项目评价绩效标准；三是收集能够综合反映知识产权支出项目经济和技术指标的数据资料；四是绩效评价处理信息化，确保绩效评价快速有效执行。③建立科学的绩效评价指标体系。把专项资金绩效纳入反映知识产权五个环节的详细指标，更为完整地反映在创新驱动中的真实进展。除考虑经济效益指标外，还需将社会效益指标纳入框架中来；不局限于近期收益而要着眼于长远；注意某些指标的内部差异，根据绩效指标共享度的不同赋予不同的权重。④建立绩效评价信息反馈机制。把绩效评价结果反馈给项目单位和社会公众，一方面使项目单位找出项目执行中的问题，以此提高项目执行能力和管理水平，另一方面加强社会公众对知识产权资金专项的了解和监督。⑤保障绩效评价过程的独立性。尽管财政资金是各级政府拨款，但评价过程可由第三方负责，从而避免评估过程受到行政干扰。借鉴国外经验，实行出资人和评价执行者相分离制度，以合同形式委托知识产权中介结构，建立两者互相监督机制，减少"暗箱操作"的可能性。

8.4 完善激励与评价机制，促进长效发展

在知识产权公共服务环节中存在诸多财政支出低效运行情况，这是因为知识产权发展激励与评价机制存在一定的缺陷，要优化财政支出责任，务必要改革和改进原有的知识产权发展激励与评价机制。

8.4.1 改革高校等机构的评价与管理体制

高校和科研院所是知识产权创造和运用的重要基地，也是财政支出的重要对象。

第一，建立以技术转化和经济效益实现为导向的高校知识产权评价体系。改革和完善高校教师和科研人员的考核办法，纠正以往单纯以论文和知识产权数量作为衡量晋升职称、绩效考核的标准，在鼓励科研成果国际前沿性、先进性的同时，把专利转化率作为高校和科研院所评估的一项重要指标。对于为社会解决实际需要的知识产权项目，纳入工作人员绩效考核权重，充分激发科研人员和教师以知识产权转化为目的的潜能。此外，为进一步健全高校和科研院所知识产权考核制度，应该将发明专利授权量、专利技术转化率、经济效益实现量等作为主要考核指标。对于知识产权成果转化有贡献的政府和财政部门应相应地在科研项目安排、资金支持上给予优先考虑。同时，对于服务地方做出突出贡献的高校、科研院所或相关企业，政府和财政部门应给予一定的奖励。

第二，完善知识产权管理体制。长期以来，我国高校和科研院所的知识产权机构弱化使知识产权的管理职能没有受到重视。可以参考国外高校的经验，加强知识产权管理体制建设，可以把知识产权管理体制分为决策机构、执行机构和争

端解决机构。① 决策机构负责制定知识产权基本政策，执行机构和争端机构负责知识产权申请、保护、转化等相关事务，此外，还应配备专门的管理人员。

第三，赋予发明人更多的成果收益。以下放政府权限、扩大单位和发明人权力为基本方向，优化政府和高校、科研院所和发明人之间的关系，突出创新主体和市场导向作用。一是要扩大高校或科研院所对知识产权使用、处置的自主权，允许他们通过对知识产权转让、许可、作价入股等多种方式开展知识产权成果转化活动。二是完善知识产权成果转化"利益共享"机制，提高高校、科研院所和发明人的积极性。对知识产权转化所得收益，建议纳入本单位预算收入，对知识产权完成人和转化人等做出突出贡献的个人给予奖励。

第四，改革高校和科研院所的技术转移中心。我国有些高校建立的技术转移中心是以单纯的信息收集为主要职能，还没有真正形成发明人技术转移的依靠。应借鉴发达国家的经验，在体制机制上进行大胆创新，积极向"产业/大学合作中心"和"区域/产业/大学合作中心"转变，以高校、科研院所与企业和政府跨区域协作促进产业链发展。

8.4.2 完善财政支出政策评价机制

近年来，我国各级政府相继出台了知识产权发展各个环节的财政支出政策。这些政策对知识产权公共服务起到了积极的推动作用的同时，也带来了我国知识产权大而不强、多而不优的尴尬局面，除政策制定环节存在若干问题外，对政策的评估环节还存在缺失问题。在实际操作层面，政府部门主要集中于数据的统计与分析，缺乏对知识产权发展支出政策制定、实施及其效果系统的考察。完善财政支出评价机制，对于规范各级政府对知识产权支持工作、充分发挥知识产权资金支出政策的作用和提高公共财政资金配置的效率都具有重要的意义。

根据政策评估目标，可以设计专门的流程来建立财政支出政策评价指标体系（见图8-3）。首先，确定知识产权财政支出政策的目标，为知识产权财政支出政

---

① 付宏刚，马海群. 有效推进高校知识产权成果的价值转化 [J]. 中国高校科技，2014（6）：9.

策制定和财政资金合力配置提供依据。其次，依据知识产权理论等多种理论深入分析知识产权公共服务财政支出政策过程、绩效形成的机理和绩效特征，并运用文献梳理法、问卷调查法和专家访谈法建立指标体系。设计时，借鉴效率论、系统论和政策过程论等逻辑框架设计指标。再次，利用专家访谈、问卷调查等方法综合专家意见等修正并检验支出的条件评价指标。最后，设立出知识产权公共服务财政支出政策评价指标体系。

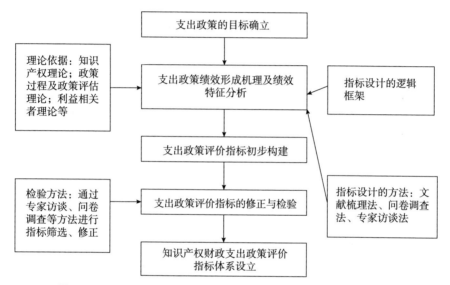

图 8-3　知识产权公共服务财政支出政策评价指标体系的构建流程

参考文献

[1] Aghion P, Howitt P. A model of growth through creative destruction [J]. Econometrica, 1992, 60 (2): 323-351.

[2] Akçomak I S, Weel T B. Social capital, innovation and growth: Evidence from Europe [J]. European Economic Review, 2009, 53 (5): 544-567.

[3] Arrow K J. The economic implications of learning by doing [J]. The Review of Economic Studies, 1962, 29 (3): 155-173.

[4] Aschauer D A. Is public expenditure productive? [J]. Journal of Monetary Economics, 1989, 23 (2): 177-200.

[5] Beaudry P, Portier F. An exploration into Pigou's theory of cycles [J]. Journal of Monetary Economics, 2004, 51 (6): 1183-1216.

[6] Boldrin M, Levine D K. Against intellectual monopoly [M]. Cambridge: Cambridge University Press, 2008.

[7] Bozeman B, Sarewitz D. Public value mapping and science policy evaluation [J]. Minerva, 2011, 49 (1): 1-23.

[8] Buchanan J M. An economic theory of clubs [J]. Economica, 1965, 32 (125): 1-14.

[9] Cass D. Optimum growth in an aggregative model of capital accumulation [J]. The Review of Economic Studies, 1965, 32 (3): 233-240.

[10] Coccia M. The interaction between public and private R&D expenditure and national productivity [J]. Prometheus, 2011, 29 (2): 121-130.

[11] Deng W S, Lin Y C, Gong J G. A smooth coefficient quantile regression ap-

proach to the social capital—economic growth nexus [J]. Economic Modelling, 2012, 29 (2): 185–197.

[12] Domer E D. Capital expansion, rate of growth, and employment [J]. Econometrica, 1946, 14 (2): 137–147.

[13] Falvey R, Foster N, Greenaway D. Intellectual property rights and economic growth [J]. Review of Development Economics, 2006, 10 (4): 700–719.

[14] Farrell M J. The measurement of productive efficiency [J]. Journal of the Royal Statistical Society: Series A (General), 1957, 120 (3): 253–290.

[15] Feldman M P, Kelley M R. The exante assessment of knowledge spillovers: Government R&D policy, economic incentives and private firm behavior [J]. Research Policy, 2006, 35 (10): 1509–1521.

[16] Feller I. Federal and state government roles in science and technology [J]. Economic Development Quarterly, 1997, 11 (4): 283–295.

[17] Freeman C, Soete L. The economics of industrial innovation [M]. London: Routledge, 1997.

[18] Freeman C. Technology policy and economic performance: Lessons from Japan [M]. London: Pinter, 1987.

[19] Ginarte J C, Park W G. Determinationts of patent rights: A cross-national study [J]. Research Policy, 1997, 26 (3): 283–301.

[20] Glomm G, Ravikumar B. Public versus private investment in human capital: Endogenous growth and income inequality [J]. Journal of Political Economy, 1992, 100 (4): 818–834.

[21] Gould D M, Gruben W C. The role of intellectual property rights in economic growth [J]. Journal of Development Economics, 1996, 48 (2): 323–350.

[22] Gould D M, Gruben. The role of intellectual property rights in economic growth [J]. Journal of Development Economics, 1996, 48 (2): 323–350.

[23] Grossman G M, Helpman E. Quality ladders in the theory of growth [J]. The Review of Economic Studies, 1991, 58 (1): 43–61.

［24］ Grossmann V. How to promote R&D-based growth? Public education expenditure on scientists and engineers versus R&D subsidies ［J］. Journal of Macroeconomics, 2007, 29 (4): 891-911.

［25］ Guellec D, Pottelsberghe B. The impact of public R&D expenditure on business R&D ［J］. Economics of Innovation and New Technology, 2003, 12 (3): 225-243.

［26］ Hagedoorn J, Narula R. Choosing organizational modes of strategic technology partnering: International and sectoral differences ［J］. Journal of International Business Studies, 1996, 27 (2): 265-284.

［27］ Hall B H, Lotti F, Mairesse J. Innovation and productivity in SMEs: Empirical evidence for Italy ［J］. Small Business Economics, 2009, 33 (1): 13-33.

［28］ Hall B H. The financing of research and development ［J］. Oxford Review of Economic Policy, 2002, 18 (1): 35-51.

［29］ Hall B, Hayashi F. Research and development as an investment ［R］. Cambridge: National Bureau of Economic Research, 1989.

［30］ Harrod R F. An essay in dynamic theory ［J］. The Ecomomic Journal, 1939 (49): 14-33.

［31］ Jones C I. Time series tests of endogenous growth models ［J］. The Quarterly Journal of Economics, 1995, 110 (2): 495-525.

［32］ Kaldor N. A model of economic growth ［J］. The Economic Journal, 1957, 67 (268): 591-624.

［33］ Klette T J, Moën J, Griliches Z. Do subsidies to commercial R&D reduce market failures? Microeconometric evaluation studies ［J］. Research Policy, 2000, 29 (4): 471-495.

［34］ Koopmans T C. On the concept of optimal economic growth ［D］. New Haven: Yale University, 1963.

［35］ Laursen K, Masciarelli F, Prencipe A. Regions matter: How localized social capital affects innovation and external knowledge acquisition ［J］. Organization Science,

2012, 23 (1): 177-193.

[36] Lee H, Park Y. An international comparison of R&D efficiency: DEA approach [J]. Asian Journal of Technology Innovation, 2005, 13 (2): 207-222.

[37] Lee H, Park Y, Choi H. Comparative evaluation of performance of national R&D programs with heterogeneous objectives: A DEA approach [J]. European Journal of Operational Research, 2009, 196 (3): 847-855.

[38] Li H B, Zhou L A. Political turnover and economic performance: The incentive role of personnel control in China [J]. Journal of Public Economics, 2005, 89 (9-10): 1743-1762.

[39] Lindahl E. Just taxation—A positive solution [M]//Musgrare R A, Peacock A T. Classics in the Theory of Public Finance. London: Macmillan, 1967: 168-176.

[40] Lucas R E. On the mechanism of economic development [J]. Journal of Monetary Economics, 1988, 22 (1): 3-42.

[41] Lundvall B. National systems of innovation: Towards a theory of innovation and interactive learning [M]. London: Anthem Press, 2010.

[42] Malthus T R. An essay on the principle of population (Second edition) [M]. New York: W. W. Norton & Company, 2003.

[43] Mansfield E, Rapoport J, Romeo A, et al. Social and private rates of return from industrial innovations [J]. The Quarterly Journal of Economics, 1977, 91 (2): 221-240.

[44] Marshall A. Principles of economics (8th edition) [M]. London: Macmillan, 1920.

[45] Musgrave R A. The voluntary exchange of theory of public econmoy [J]. The Quarterly Journal of Economics, 1939, 53 (2): 213-237.

[46] Nelson R R. National innovation systems: A comparative study [M]. Oxford: Oxford University Press, 1993.

[47] North D C. The economic growth of the United States: 1790-1860 [M]. Upper Saddle River: Prentice Hall, 1961.

［48］Oates W E. Fiscal federalism ［J］. Public Choice，1973（14）：155-157.

［49］Park W G. A theoretical model of government research and growth ［J］. Journal of Economic Behavior & Organization，1998，34（1）：69-85.

［50］Park W G. Impact of the international patent system on productivity and technology diffusion ［M］//Fink C，Lippert O. Competitive Strategies for Intellectual Property Protection. Vancouver：Fraser Institute，1999：47-72.

［51］Qian Y，Roland G. Federalism and the soft budget constraint ［J］. The American Economic Review，1998，88（5）：1143-1162.

［52］Rawls J. The priority of right and ideas of the good ［J］. Philosophy & Public Affairs，1988，17（4）：251-276.

［53］Ricardo D. On the principles of political economy and taxation（1817）［M］. Cambrige：Cambridge University Press，1951.

［54］Romer P M. Increasing returns and long-run growth ［J］. Journal of Political Economy，1986，94（5）：1002-1037.

［55］Romer P M. Endogenous technological change ［J］. Journal of Political Economy，1990，98（5）：71-102.

［56］Samuelson P A. Diagrammatic exposition of a theory of public expenditure ［J］. The Review of Economics and Statistics，1955，37（4）：350-356.

［57］Samuelson P A. The pure theory of public expenditure ［J］. The Review of Economics and Statistics，1954（36）：387-389.

［58］Schumpeter J A. The theory of economic development ［M］. Cambidge，MA：Harvard University Press，1934.

［59］Segerstrom P S，Anant T C A，Dinopoulos E. A schumpeterian model of the product life cycle ［J］. The American Economic Review，1990，80（5）：1077-1091.

［60］Segerstrom P S. Endogenous growth without scale effects ［J］. The American Economic Review，1998，88（5）：1290-1310.

［61］Smarzynska B K. Technological leadership and the choice of entry mode by foreign investors [R]. Washington: World Bank, 2000.

[62] Smith A. An inquiry into the nature and causes of the wealth of nations (1776) [M]. New York: Random House, 1937.

[63] Solow R M. A contribution to the theroy of economic growth [J]. The Quarterly Journal of Economics, 1956, 70 (1): 65-94.

[64] Swan T W. Economic growth and capital accumulation [J]. Economic Record, 1956, 32 (2): 334-361.

[65] Thompson M A, Rushing F W. An Empirical analysis of the impact of patent protection on economic growth: An extension [J]. Journal of Economic Development, 1999 (24): 67-76.

[66] Thompson M A. International trade, economic growth and intellectual property rights: A panel data study of developed and developing countries [J]. Journal of Development Economics, 2005 (78): 529-547.

[67] Tiebout C M. A pure theory of public expenditure [J]. The Journal of Political Economy, 1956, 64 (5): 416-424.

[68] Tsui K, Wang Y Q. Between separate stoves and a single menu: Fiscal decentralization in China [J]. The China Quarterly, 2004 (177): 71-90.

[69] Uzawa H. Optimal technical change in an aggregative model of economic growth [J]. International Economic Review, 1965 (6): 18-31.

[70] Özçelik E, Taymaz E. R&D support programs in developing countries: The Turkish experience [J]. Research Policy, 2008, 37 (2): 258-275.

[71] 安秀梅. 中央政府与地方政府责任划分与支出分配研究 [J]. 经济体制改革, 2006 (6): 10-15.

[72] 财政部财政科学研究所课题组. 政府间基本公共服务事权配置的国际比较研究 [J]. 经济研究参考, 2010 (16): 8-41.

[73] 陈昌柏. 知识产权战略——知识产权资源在经济增长中的优化配置 [M]. 北京: 科学出版社, 2009.

[74] 陈少英. 论地方政府保障民生的财政支出责任 [J]. 社会科学, 2012

（2）：112-120.

［75］成军．中央与地方政府间的支出事项及责任划分研究［J］．经济研究参考，2014（16）：44-48.

［76］程恩富．西方产权理论评析［M］．北京：当代中国出版社，1997.

［77］代中强．知识产权保护提高了出口技术复杂度吗？——来自中国省际层面的经验研究［J］．科学学研究，2014（12）：1846-1858.

［78］党文娟，张宗益，康继军．创新环境对促进我国区域创新能力的影响［J］．中国软科学，2008（3）：52-57.

［79］道格纳斯·C. 诺思．经济史中的结构与变迁［M］．陈郁，罗华平译．上海：上海人民出版社，1994.

［80］董建新，李叶兰．纵向政府间事权划分标准：基于行政审批事项的实证分析［J］．暨南学报（哲学社会科学版），2010（5）：39-47.

［81］董涛．"国家知识产权战略"与中国经济发展［J］．科学学研究，2009（5）：641-652.

［82］董雪兵，朱慧，康继军，宋顺锋．转型期知识产权保护制度的增长效应研究［J］．经济研究，2012（8）：4-17.

［83］方东霖．财政科技投入问题研究评述［J］．科技管理研究，2012（9）：15-17.

［84］方曙，张勐，高利丹．我国省（市）自治区专利产出与其 GDP 之间关系的实证研究［J］．科研管理，2006（2）：40-45.

［85］方瑜．知识产权助推县域经济高质量发展的路径研究［J］．智库时代，2019（48）：37-38.

［86］方铸，常斌．建立事权与支出责任相适应的财政制度［J］．经营管理者，2015（23）：7-8.

［87］冯晓青．国家知识产权战略视野下我国企业知识产权战略实施研究［J］．湖南大学学报（社会科学版），2010，24（1）：116-123.

［88］冯晓青．技术创新、知识产权战略模式的互动关系探析［J］．知识产权，2014（4）：3-14.

［89］冯晓青．美、日、韩知识产权战略之探讨［J］.黑龙江社会科学，2007（6）：157-161.

［90］冯兴元，李晓佳．政府公共服务事权划分混乱的成因与对策［J］.国家行政学院学报，2005（3）：71-74.

［91］付明星．韩国知识产权政策及管理新动向研究［J］.知识产权，2010，20（2）：92-96.

［92］傅才武，宋文玉．创新我国文化领域事权与支出责任划分理论及政策研究［J］.山东大学学报（哲学社会科学版），2015（6）：1-20.

［93］傅勇，张晏．中国式分权与财政支出结构偏向：为增长而竞争的代价［J］.管理世界，2007（3）：4-12+22.

［94］傅志华，赵福昌，李成威，张鹏，陈龙，闫晓茗，于智媛．地方事权与支出责任划分的改革进程与问题分析——基于东部地区的调研［J］.财政科学，2018（3）：17-28+41.

［95］高雯雯，孙成江，刘玉奎．中国专利产出与经济增长的协整分析［J］.情报杂志，2006，25（1）：34-36.

［96］龚锋，卢洪友．财政分权与地方公共服务配置效率——基于义务教育和医疗卫生服务的实证研究［J］.经济评论，2013（1）：42-51.

［97］古尚宣．公路管理事权划分与支出责任若干问题研究［J］.交通财会，2014（11）：8-12.

［98］郭民生．知识产权战略实施的综合评价指数［J］.知识产权，2009，19（1）：27-34.

［99］郭晟豪．中央政府和地方政府的教育事权与支出责任［J］.甘肃行政学院学报，2014（3）：96-105+128.

［100］郭小东，吴宗书．创意产品出口、模仿威胁与知识产权保护［J］.经济学（季刊），2014（2）：1239-1260.

［101］国家知识产权局．知识产权战略与区域经济发展［M］.北京：知识产权出版社，2013.

［102］国家知识产权局战略规划司．世界五大知识产权局统计报告（2018年）

［EB/OL］. https：//www. cnipa. gov. cn/module/download/down. jsp？i_ID = 40377&
colID＝90.

［103］何敏. 知识产权客体新论［J］. 中国法学，2014（6）：121-137.

［104］洪群联. 我国知识产权服务体系发展现状与战略思路［J］. 经济纵
横，2011（11）：44-49.

［105］宏观经济研究院课题组. 公共服务供给中各级政府事权、财权划分问
题研究［J］. 宏观经济研究，2005（5）：3-7+10.

［106］侯一麟. 政府职能、事权事责与财权财力：1978年以来我国财政体
制改革中财权事权划分的理论分析［J］. 公共行政评论，2009，2（2）：36-72+
203-204.

［107］胡均民，艾洪山. 匹配"事权"与"财权"：基本公共服务均等化的
核心路径［J］. 中国行政管理，2009（11）：59-63.

［108］胡小红. 我国财政科技投入计划体系［J］. 安徽科技，2010（11）：
46-47.

［109］胡肖华. 宪法诉讼原论［M］. 北京：法律出版社，2002.

［110］华鹰，华劼. 企业技术创新与知识产权战略互动关系研究［J］. 中国
科技论坛，2011（2）：54-58.

［111］华鹰，华劼. 中美知识产权战略比较研究［J］. 科技与经济，2012，
25（5）：41-45.

［112］华鹰. 中韩知识产权战略比较研究［J］. 科技与经济，2013，26
（4）：46-50.

［113］黄海燕. 建立与政府事权和支出责任相适应的制度［J］. 宏观经济管
理，2014（12）：22-24.

［114］黄少安. 产权经济学导论［M］. 北京：经济科学出版社，2004.

［115］黄云志. 知识产权保护对创新的影响［J］. 区域治理，2019（42）：
96-98.

［116］吉富星. 所有制实现形式与产权结构化的研究——兼论我国公共产权
改革［D］. 北京：财政部财政科学研究所，2014.

［117］贾俊雪．政府间财政收支责任安排与地方公共服务均等化：实证研究［J］．中国软科学，2011（12）：35-45．

［118］贾智莲，卢洪友．财政分权与教育及民生类公共品供给的有效性——基于中国省级面板数据的实证分析［J］．数量经济技术经济研究，2010，27（6）：139-150+161．

［119］江孝感，吴大勤，冯勤超．政府间事权划分思路研究［J］．东南大学学报（哲学社会科学版），2006，8（3）：24-28+126．

［120］姜房蕊．知识产权行政保护与司法保护的冲突与协调［J］．知识产权，2014（2）：76-81．

［121］姜桂兴．韩国知识产权管理与知识产权战略探析［J］．科技与经济，2005，18（5）：36-37+41．

［122］姜国兵，梁廷君．中央与地方水利事权划分研究——基于广东省的调研［J］．中国行政管理，2015（4）：37-41．

［123］金多才．论知识产权的概念和特征［J］．河南省政法管理干部学院学报，2004（6）：56-60．

［124］金双华．财政科技投入与促进大连市高新技术产业发展［J］．地方财政研究，2005（1）：43-45．

［125］靳继东．政府间事权与财力匹配改革的法治思路［J］．税务研究，2015（7）：76-80．

［126］孔令兵．科技创新背景下知识产权服务供给机制研究［D］．中国科学技术大学博士学位论文，2019．

［127］寇明风．政府间事权与支出责任划分研究述评［J］．地方财政研究，2015（5）：29-33．

［128］寇铁军，周波．我国政府间事权财权划分的法治化选择［J］．财经问题研究，2008（5）：67-72．

［129］寇铁军．政府间事权财权划分的法律安排——英、美、日、德的经验及其对我国的启示［J］．法商研究，2006，23（5）：130-137．

［130］黎运智，孟奇勋．经验与启示：韩国知识产权政策的运行绩效［J］．

中国科技论坛，2008（8）：140-144.

　　［131］李春根，舒成．基于路径优化的我国地方政府间事权和支出责任再划分［J］．财政研究，2015（6）：59-63.

　　［132］李国光．知识产权诉讼［M］．北京：人民法院出版社，1999.

　　［133］李惠娟，赵静敏，马元三．基于省际面板数据模型的地方财政科技投入与经济增长的关系研究［J］．科技进步与对策，2010，27（13）：44-48.

　　［134］李娟，谭民俊．论全面深化财税体制改革背景下事权和支出责任分离［J］．经济研究导刊，2014（31）：89-91.

　　［135］李俊生，乔宝云，刘乐峥．明晰政府间事权划分构建现代化政府治理体系［J］．中央财经大学学报，2014（3）：3-10.

　　［136］李莉，闫斌，顾春霞．知识产权保护、信息不对称与高科技企业资本结构［J］．管理世界，2014（11）：1-9.

　　［137］李名家，杨俊．美国和日本高校知识产权战略研究［J］．武汉大学学报（哲学社会科学版），2005，58（6）：808-812.

　　［138］李齐云，刘小勇．我国事权与财力相匹配的财政体制选择［J］．山东社会科学，2009（3）：74-77.

　　［139］李森，李聪慧，刘旭．政府间事权与支出责任划分的理论与现实分析——兼论目前政府间事权和支出责任划分研究存在的局限及出路［J］．财政监督，2018（24）：5-15.

　　［140］李炜光．财政何以为国家治理的基础和支柱［J］．法学评论，2014（2）：54-60.

　　［141］李喜蕊．论中国知识产权信息公共服务体系的构建与完善［J］．黑龙江社会科学，2014（2）：111-118.

　　［142］李喜先．知识：起源、定义及特性［J］．科学，2014（3）：4+12-15.

　　［143］李昕芮．辽宁省科教财政投入对就业效应分析［J］．吉林工商学院学报，2010，26（2）：36-40.

　　［144］李欣，余贞利，刘尚希，等．中央地方科技事权与支出责任的划分研究［J］．经济研究参考，2015（22）：3-31.

［145］李毅中．中国科技成果转化率仅为30%　发达国家达60%～70%［EB/OL］．https：//baijiahao．baidu．com/s？id＝1685231532166534883&wfr＝spider&for＝pc%202020-12-05．

［146］李永刚．财政科技投入对经济增长的影响——基于研发（R&D）支出的实证分析［J］．四川师范大学学报（社会科学版），2011，38（6）：53-61．

［147］梁红梅，吕翠苹．完善我国政府间责任划分与支出分配的法律思考［J］．甘肃政法学院学报，2006（6）：119-124．

［148］林小爱，林小利．欧盟知识产权战略新进展及其对我国的启示［J］．电子知识产权，2008（9）：26-30．

［149］林原．我国知识产权区域布局研究［D］．大连理工大学博士学位论文，2019．

［150］林治芬，魏雨晨．中央和地方社会保障支出责任划分中外比较［J］．中国行政管理，2015（1）：34-38．

［151］凌江怀，李成，李熙．财政科技投入与经济增长的动态均衡关系研究［J］．宏观经济研究，2012（6）：62-68．

［152］刘春田．知识产权法（第二版）［M］．北京：高等教育出版社，清华大学出版社，2003．

［153］刘华．知识产权制度的理性与绩效分析［M］．北京：中国社会科学出版社，2004．

［154］刘华．专利制度与经济增长：理论与现实——对中国专利制度运行绩效的评估［J］．中国软科学，2002（10）：27-31．

［155］刘和东．财政科技投入与自主创新关系的实证研究［J］．科学学与科学技术管理，2007（1）：20-24．

［156］刘培峰．事权、财权和地方政府市政建设债券的发行——城市化进程中一种可行的融资渠道［J］．学海，2002（6）：86-88．

［157］刘尚希，马洪范，刘微，等．明晰支出责任：完善财政体制的一个切入点［J］．经济研究参考，2012（40）：3-11．

［158］刘尚希，马洪范，刘微，等．以明晰支出责任为切入点完善财政体制

［J］.中国财政，2013（5）：46-47.

［159］刘思明，侯鹏，赵彦云.知识产权保护与中国工业创新能力——来自省级大中型工业企业面板数据的实证研究［J］.数量经济技术经济研究，2015，32（3）：40-57.

［160］柳延福，陈继勇.市县两级政府财权事权划分的研究与思考［J］.财会研究，2009（21）：6-10.

［161］娄峥嵘.我国公共服务财政支出效率研究［M］.北京：中国社会科学出版社，2011.

［162］楼继伟.深化财税体制改革［M］.北京：人民出版社，2015.

［163］楼继伟.中国政府间财政关系再思考［M］.北京：中国财政经济出版社，2013.

［164］卢洪友，卢盛峰，陈思霞."中国式财政分权"促进了基本公共服务发展吗？［J］.财贸研究，2012，23（6）：1-7.

［165］卢洪友，张楠.政府间事权和支出责任的错配与匹配［J］.地方财政研究，2015（5）：4-10.

［166］陆幼雅.论知识产权制度在经济发展中的作用［J］.财贸研究，2003（3）：121-124.

［167］逯元堂，吴舜泽，陈鹏，等.环境保护事权与支出责任划分研究［J］.中国人口·资源与环境，2014（S3）：91-96.

［168］吕薇.创新驱动发展与知识产权制度［M］.北京：中国发展出版社，2014.

［169］罗敏光，刘雪凤.多元主体合作视角下的知识产权公共服务机制构建——以江苏省为例［J］.科技管理研究，2011，31（11）：146-152.

［170］马海涛，任强，程岚.我国中央和地方财力分配的合意性：基于"事权"与"事责"角度的分析［J］.财政研究，2013（4）：2-6.

［171］马海涛.构建实现国家长治久安的财政事权与支出责任［J］.中国财政，2019（23）：1.

［172］马克思.资本论（第3卷）［M］.中共中央马克思恩格斯列宁斯大林

著作编译局译．北京：人民出版社，1975．

［173］马先征，金志海，刘仁豪．知识产权战略研究［M］．北京：知识产权出版社，2008．

［174］马一德．中国知识产权治理四十年［J］．法学评论，2019，37（6）：10-19．

［175］毛飞，王梅．政府间财政支出责任划分研究述评［J］．财贸研究，2009，20（2）：77-82．

［176］孟奇勋．知识产权制度变迁中的私权与公权关系研究［D］．华中师范大学硕士学位论文，2007．

［177］苗慧．地方财政科技投入效率评价研究［D］．大连理工大学博士学位论文，2013．

［178］闵森．欧洲知识产权保护的历史［J］．中外企业文化，2018（11）：38-39．

［179］内蒙古财政厅课题组．政府间公共事务责任与权限合理划分研究［J］．预算管理与会计，2017（3）：28-32．

［180］尼克·威尔金森．行为经济学［M］．贺京同，那艺，等译．北京：中国人民大学出版社，2012．

［181］倪天伶．韩国知识产权战略实施：经验与启示［J］．法制与经济（下旬刊），2008（10）：142．

［182］平新乔，白洁．中国财政分权与地方公共品的供给［J］．财贸经济，2006（2）：49-55．

［183］钱颖一．现代经济学与中国经济改革［M］．北京：中国人民大学出版社，2003．

［184］乔宝云，范剑勇，冯兴元．中国的财政分权与小学义务教育［J］．中国社会科学，2005（6）：37-46+206．

［185］曲昭仲，孙泽生．地方财政科技投入模式选择分析［J］．经济问题，2005（5）：67-69．

［186］任广浩．国家权力纵向配置的法治化选择——以中央与地方政府间事

权划分为视角的分析 [J]. 河北法学, 2009, 27 (5): 84-88.

[187] 商琪. 国家治理现代化视域下的事权和支出责任划分 [J]. 公共财政研究, 2020, 6 (6): 85-94.

[188] 邵莉, 周东. 面向规划事权的济南城乡统筹规划体系 [J]. 规划师, 2012, 28 (4): 46-51.

[189] 申嫦娥. 促进科技进步的财政政策——基于创新价值链的研究 [M]. 北京: 经济科学出版社, 2014.

[190] 石丽静. 知识产权保护、创新与企业国际化研究 [D]. 对外经济贸易大学博士学位论文, 2018.

[191] 宋河发, 李大伟. 自主知识产权与国家知识产权战略研究 [J]. 科学学与科学技术管理, 2006, 27 (5): 41-47.

[192] 宋立, 许生. 各级政府支出责任划分改革与支出结构优化调整 [J]. 经济研究参考, 2009 (26): 45-64.

[193] 宋伟. 知识产权管理 [M]. 北京: 中国科学技术大学出版社, 2010.

[194] 宋卫刚. 政府间事权划分的概念辨析及理论分析 [J]. 经济研究参考, 2003 (27): 44-48.

[195] 苏竣. 公共科技政策导论 [M]. 北京: 科学出版社, 2014.

[196] 孙德超. 推进基本公共服务均等化的基本原则——事权与财权财力相匹配 [J]. 教学与研究, 2012 (3): 22-30.

[197] 孙娜. 开放经济条件下我国知识产权政策及绩效评估研究 [M]. 北京: 对外经济贸易大学出版社, 2013.

[198] 孙晓莉. 政府间公共服务事权配置的国际比较及对我国的启示 [J]. 中国人民大学学报, 2007, 21 (4): 85-90.

[199] 孙学工. 公共服务供给中各级政府事权财权划分的国际经验 [J]. 经济研究参考, 2005 (25): 37-48.

[200] 孙玉芸. 美国知识产权战略的实施及其启示 [J]. 企业经济, 2011 (2): 187-189.

[201] 台新民. 用知识产权战略推动新兴产业发展 [J]. 中国高校科技,

2012（1）：107-110.

［202］汤火箭，谭博文．财政制度改革对中央与地方权力结构的影响——以财权和事权为视角［J］．宏观经济研究，2012（9）：11-18.

［203］唐杰，周勇涛．企业知识产权战略实施绩效评价研究［J］．情报杂志，2009，28（7）：55-60.

［204］田家林，顾晓燕，史新和．新常态下知识产权支撑产业结构优化的对策——基于省际面板数据的实证分析［J］．技术经济与管理研究，2019（11）：96-100.

［205］田力普．国内外知识产权最新形势分析［J］．知识产权，2014（1）：3-7.

［206］田志刚．政府间财政支出责任划分的制度环境研究［J］．中州学刊，2010（3）：48-52.

［207］童光辉，赵海利．新型城镇化进程中的基本公共服务均等化：财政支出责任及其分担机制——以城市非户籍人口为中心［J］．经济学家，2014（11）：32-36.

［208］王晨雁．对知识产权概念的质疑与反思［J］．福建论坛（人文社会科学版），2005（9）：121.

［209］王奋飞．我国政府间财政事权与支出责任研究［D］．中南财经政法大学博士学位论文，2019.

［210］王国清，吕伟．事权、财权、财力的界定及相互关系［J］．财经科学，2000（4）：22-25.

［211］王金金，刘晓楠，刘禹希．知识产权强国框架下版权强国建设的相关问题研究［J］．科技与法律，2017（6）：48-55.

［212］王利明．物权法论［M］．北京：中国政法大学出版社，1998.

［213］王林，顾江．发展中国家的知识产权保护与经济增长——基于跨国数据的实证分析［J］．世界经济研究，2009（5）：48-51+88.

［214］王薇．国家治理现代化背景下政府支出责任的研究［J］．现代商业，2017（36）：59-62.

［215］王薇．政府支出责任转型研究——基于基本公共服务均等化的背景［M］．北京：红旗出版社，2015.

［216］王瑜．企业知识产权管理需要"全科医生"［J］．中国发明与专利，2013（8）：27-28.

［217］王泽彩．关于财政事权和支出责任划分问题的再思考［J］．中国财政，2019（23）：22-24.

［218］威廉·M.兰德斯，理查德·A.波斯纳，等．知识产权法的经济结构［M］．金海军译．北京：北京大学出版社，2005.

［219］威廉·阿瑟·刘易斯．经济增长理论［M］．梁小民，译．上海：上海人民出版社，1994.

［220］韦斯顿·安森．知识产权价值评估基础［M］．李艳，译．北京：知识产权出版社，2009.

［221］韦特·P.甘地，等.供应学派的税收政策［M］.北京：中国财政经济出版社，1993.

［222］魏加宁，李桂林．对日本政府间事权划分的考察［J］．财经问题研究，2008（5）：105.

［223］温立洲．政府间事权与支出责任制度研究［D］．天津财经大学博士学位论文，2018.

［224］吴笛．中央和地方事权与财权的划分与改革思路［J］．合肥工业大学学报（社会科学版），2010，24（2）：57-61.

［225］吴国平．中国知识产权战略中的政府角色［J］．知识产权，2006，16（6）：39-43.

［226］吴汉东.知识产权法学［M］.北京：北京大学出版社，2000.

［227］吴汉东.保护知识产权就是保护创新［J］.理论导报，2020（12）：61.

［228］吴汉东．知识产权本质的多维度解读［J］．中国法学，2006（5）：97-106.

［229］吴汉东．知识产权的多元属性及研究范式［J］．中国社会科学，2011（5）：39-45+219.

［230］吴汉东. 知识产权法［M］. 北京：法律出版社，2004.

［231］吴汉东. 知识产权理论的体系化与中国化问题研究［J］. 法制与社会发展，2014，20（6）：107-117.

［232］吴汉东. 中国知识产权理论体系研究［M］. 北京：商务印书馆，2018.

［233］吴凯，蔡虹，蒋仁爱. 中国知识产权保护与经济增长的实证研究［J］. 科学学研究，2010（12）：1832-1836.

［234］吴宣恭. 论法人财产权［J］. 中国社会科学，1995（2）：26-37.

［235］吴颖，钟海粒. 国家创新系统中知识产权战略作用机制研究［J］. 知识产权，2012（8）：73-76.

［236］厦门市财政局课题组. 各级政府之间公共事务责任与权限合理划分问题研究［J］. 预算管理与会计，2017（4）：47-50.

［237］徐家力，赵威. 知识产权战略背景下的数字版权保护策略［J］. 中国出版，2020（23）：58-60.

［238］徐键. 强制性支出责任与地方财政自主权［J］. 北方法学，2011，5（2）：70-79.

［239］徐伟. 知识产权管理的国际经验及启示［J］. 中国国情国力，2019（8）：60-63.

［240］徐阳光. 论建立事权与支出责任相适应的法律制度——理论基础与立法路径［J］. 清华法学，2014（5）：88-102.

［241］徐竹青. 专利、技术创新与经济增长：理论与实证［J］. 科技管理研究，2004（5）：109-111.

［242］许春明，陈敏. 中国知识产权保护强度的测定及验证［J］. 知识产权，2008，18（1）：27-36.

［243］许轶，谢黎，张志强，等. 基于知识产权及国际贸易的中美竞争力比较研究［J］. 世界科技研究与发展，2019，41（4）：403-415.

［244］许钟元. 知识密集型企业技术创新知识产权管理研究［D］. 哈尔滨工程大学博士学位论文，2018.

［245］闫坤，于树一. 论我国政府间财政支出责任的"错配"和"纠错"

[J]. 财政研究, 2013 (8): 14-18.

[246] 姚洋, 章奇. 中国工业企业技术效率分析 [J]. 经济研究, 2001 (10): 13-19+28-95.

[247] 杨红朝. 知识产权服务业培育视角下的知识产权服务体系发展研究 [J]. 科技管理研究, 2014 (8): 176-180.

[248] 杨龙见, 尹恒. 县级政府财力与支出责任: 来自财政层级的视角 [J]. 金融研究, 2015 (4): 82-98.

[249] 杨志勇. 分税制改革中的中央和地方事权划分研究 [J]. 经济社会体制比较, 2015 (2): 21-31.

[250] 易继明. 构建知识产权大司法体制 [J]. 中外法学, 2018, 30 (5): 1260-1283.

[251] 于长革. 中国式财政分权与公共服务供给的机理分析 [J]. 财经问题研究, 2008 (11): 84-89.

[252] 于树一. 对财政体制 "事权与支出责任相适应" 原则的几点思考 [J]. 财政监督, 2014 (14): 8-10.

[253] 于树一. 论国家治理框架下事权和支出责任相适应的政府间财政关系 [J]. 地方财政研究, 2015 (5): 11-16+22.

[254] 余长林. 知识产权保护与我国的进口贸易增长: 基于扩展贸易引力模型的经验分析 [J]. 管理世界, 2011 (6): 11-23.

[255] 余维新, 熊文明, 魏奇锋, 等. 关系产权、知识溢出与产学研协同创新的稳定性研究 [J]. 软科学, 2018, 32 (12): 24-28.

[256] 约翰·洛克. 政府论 [M]. 叶启芳, 瞿菊农译. 北京: 商务印书馆, 2011.

[257] 约瑟夫·阿洛伊斯·熊彼特. 经济发展理论 [M]. 叶华译. 北京: 中国社会科学出版社, 2009.

[258] 曾明, 陈萍. 乡镇政府财政困境与支出责任——基于江西省 C 乡的研究 [J]. 江西社会科学, 2011 (9): 222-228.

[259] 张德勇. 政府间事权与支出责任划分的难点和对策 [J]. 中国国情国

力，2015（9）：35-37.

［260］张继红. 专利创新与区域经济增长关联机制的空间计量经济分析［J］. 科学学与科学技术管理，2007，28（1）：83-89.

［261］张俊. 我国知识产权法律保护的现状及保护制度构建路径研究［J］. 法制与社会，2017（27）：44-45.

［262］张伟，祝红霞，曹丹，等. 知识产权概念新论［J］. 科技管理研究，2006（2）：183.

［263］张耀辉. 知识产权的优化配置［J］. 中国社会科学，2011（5）：53-60.

［264］张永生. 政府间事权与财权如何划分？［J］. 经济社会体制比较，2008（2）：71-76.

［265］张优智. 财政科技投入与经济增长的协整检验［J］. 科技进步与对策，2012，29（7）：11-16.

［266］张玉敏. 知识产权法学［M］. 北京：法律出版社，2002.

［267］张志成. 知识产权战略研究［M］. 北京：科学出版社，2010.

［268］张铠麟，王娜，黄磊，王英，张汉坤. 构建协同公共服务：政府信息化顶层设计方法研究［J］. 管理世界，2013（8）：91-100.

［269］赵毅. 对知识产权的私权属性及其公权化趋向分析［J］. 法制博览，2019（23）：259+261.

［270］赵昭. 我国区域知识产权战略绩效评价研究［D］. 合肥工业大学硕士学位论文，2007.

［271］郑成思. 信息、知识产权与中国知识产权战略若干问题［J］. 环球法律评论，2006，28（3）：304-317.

［272］郑成思. 知识产权法教程［M］. 北京：法律出版社，1993.

［273］郑成思. 知识产权法［M］. 北京：法律出版社，1997.

［274］郑成思. 知识产权论［M］. 北京：法律出版社，1998.

［275］郑毅. 中央与地方事权划分基础三题——内涵、理论与原则［J］. 云南大学学报（法学版），2011，24（4）：48-53.

［276］中国知识产权发展报告课题组. 中国知识产权发展报告2015［M］.

北京：中国财政经济出版社，2015：66-70.

[277] 周波．我国政府间事权财权划分——历史考察、路径依赖和法治化体系建设 [J]．经济问题探索，2008（12）：6-16.

[278] 周波．我国政府间事权财权划分的方式演进、面临问题及对策建议 [J]．改革，2008（3）：58-64.

[279] 周飞舟．以利为利：财政关系与地方政府行为 [M]．上海：上海三联书店，2012.

[280] 周杰．中央与地方事权划分的风险原因研究 [D]．浙江大学博士学位论文，2013.

[281] 周黎安．中国地方官员的晋升锦标赛模式研究 [J]．经济研究，2007（7）：36-50.

[282] 朱兴国．推进中的日本国家知识产权战略 [J]．知识产权，2005，15（5）：61-63.

[283] 祝云，毕正操．我国地方财政科技投入与经济增长关系分析 [J]．西南交通大学学报（社会科学版），2007，8（5）：22-27.

[284] 左中梅，王智源，盛四辈．中日韩知识产权战略比较研究 [J]．学术界，2011（1）：214-222+284+288-289.